会社四季報の達人が教える
誰も知らない超優良企業

渡部清二

SB新書
576

（注）本書は株式投資をする際に参考となる情報提供を目的としています。筆者の経験、調査、分析に基づき執筆したものですが、利益を保証するものではありません。投資に関する最終決定は必ずご自身の判断で行ってください。

はじめに

はじめまして、渡部清二です。

私は「複眼経済塾」の代表取締役塾長として、株価が10倍になる銘柄（テンバガー）を発掘するノウハウを日夜研究し、塾生の皆さんに教えています。

その過程で最重視しているツールの1つが『会社四季報』（以下、四季報）です。

四季報は、日本の株式市場に上場しているすべての企業について、概要、業績、財務、株主などの情報を網羅する世界唯一の情報誌。

私が四季報と出合ったのは野村證券に勤めていたときのことで、企業分析の重要な情報が凝縮されていると認識して以来、年4回発行される四季報を全冊、1ページ目から最終ページまで、約2000ページを読み尽くす〝完全読破〟を続けています。

この取組みを約25年にわたって続けてきたことで、私はだんだんと「真の優良企業」を見抜くことができるようになりました。

「優良企業」と聞いたとき、皆さんはどのような企業を思い浮かべますか？

転職の機会があれば履歴書を送ってみたい、就職先として子どもや親戚にすすめたい、日本人として誇りに感じる……そんな企業かもしれません。

世の中でよくいわれる「優良企業」は、「知名度が高い」「なんとなくイメージがよさそう」などといった感覚的な評価に基づいています。これは優良性を示す根拠として正しいといえるでしょうか。

もちろん、「知名度があるから安心」という見方もできます。イメージの良し悪しも大事です。しかし、日本という国そのものが成熟期を過ぎて、少子高齢化と人口減少によって衰退に向かっているかもしれない状況で、皆さんが思い浮かべるような「優良企業」は今後も右肩上がりで成長していくでしょうか？　答えは必ずしもYESではありません。

優良企業とは何かを考えるうえでは、現段階で優良といえる状態にあるだけではなく、いま以上に成長が見込める「有望性」を見ることが大事です。

『有望』とは、たとえば、事業が成長し企業として大きくなっていくことや、世の中のあり方、私たちの暮らし方を大きく変えるような可能性をもっていること、そして今後何百年も続いていくことも含まれます。

そのような企業を、本書では「有望企業」と定義しています。

では、具体的にどのような企業が有望企業なのでしょうか。

その答えは、四季報から読み取ることができます。企業の「有望性」は、「株」を見なければわからないものなのです。

四季報は1冊が約2000ページもある大著です。収録されている企業は約3800社に及び、小さい文字と数字の羅列で、息抜きになるようなマンガなども入っていませんから、ほとんどの人が「読み込むのは難しい」と感じてしまうでしょう。

そこで本書は、四季報のなかで注目するポイントを6つに絞り込みました。

この6つのポイントは、私自身が長年にわたる四季報完全読破の過程で編み出した四季報読みの最重要ポイントであり、ここを見るだけで、世の中でほとんど知られていない有望企業を見つけ出すことができます。投資の初心者でも、これまで四季報を読んだことがない人でも必ずできます。

ぜひ本書で、有望企業を見つけ出すノウハウをマスターしてください。

複眼経済塾塾長　渡部清二

※本書内の四季報のデータは主に2021年秋号に基づいており、他の号のデータを使用する場合は、そのつど当該箇所に明記しています。

会社四季報の達人が教える　誰も知らない超優良企業　目次

はじめに……3

序章 会社四季報の「ココ」を読めば、有望企業がわかる

1 有望企業は、5タイプ……14
「良い会社」の条件／世間の評判では、実態はわからない／有望企業には5つのタイプがある

2 会社四季報には、何が載っているのか……22
会社四季報の3つの強み／会社四季報を読めば、誰でも大化け株が見つかる

3 「6つのブロック」だけ見ればいい……27
「アベジャパン・デラックス」に注目／自力で有望企業の株を見つけよう

第1章

中小型成長株 会社四季報の達人が教える、大きく成長する会社の見つけ方

1 株価10倍が狙える大化け株を探そう …… 48
小さな会社ほど、成長の余地が大きい／テンバガー候補を見つける3つの条件／時価総額300億円以下を探す／前期からの増収率20%以上を探す／オーナーが大株主3位以内にいるか?

2 テンバガーが狙える「中小型成長株」の銘柄 …… 55
Lib Work／ホットリンク／カラダノート／クリーマ／トヨクモ／i-plug／ユナイトアンドグロウ／ブリッジインターナショナル／KIYOラーニング

3 実践編 会社四季報で「中小型成長株」の有望企業を探そう …… 69
まず時価総額と大株主を確認／売上高の推移に注目／売上高の伸び＝純粋な成長／株価収益率が高くても、伸びる株は伸びる／「株価」を主語にして考える／大化け株を逃さないポイント／成長率に対する割高感を計算する／売上高に対する割高度を計算する

Column A社とB社、どちらの株が買いか? …… 85

第2章

業績回復株

会社四季報の達人が教える、「V字回復企業」の見つけ方

1 業績回復に向かい始めた企業を探す……90

コロナ禍は大化け株が狙えるチャンス／業績向上の可能性が見える企業／株価が大きく上昇するV字回復／テンバガーも狙える景気敏感株

2 大きなリターンが狙える「業績回復株」の銘柄……98

テセック／和井田製作所／セレスポ／JUKI／ツカダ・グローバルホールディング

3 実践編 会社四季報で「業績回復株」の有望企業を探そう……105

売上高や利益の「状態」に注目／コロナ前の水準に戻っていない株／合理化が業績回復のきっかけになる／新事業で回復するパターンも／会社四季報の見出しから変化を読む／企業だけでなく市場全体の動向も見る／景気敏感株を売買するタイミング／「感情」ではなく「事実」に目を向ける

Column キーワードから「時代の変化」を読む……121

第3章

優良株

会社四季報の達人が教える、「オンリーワン企業」の見つけ方

1　順調な値上がりが期待できる銘柄を探す……126
株価の安定的な伸びが期待できる企業／競合がいないので安売りする必要がない／世界を舞台に稼げる／トップ企業は利益が安定しやすい

2　安定的に稼げる「優良株」の銘柄……132
ニッポン高度紙工業／東京応化工業／アテクト／フコク／大阪チタニウムテクノロジーズ／島精機製作所／ナブテスコ／レオン自動機／SMC／ユニオンツール／技研製作所／椿本チエイン／昭和真空／THK／オプテックスグループ／レーザーテック／ウシオ電機／ジャムコ／ナカニシ

3　実践編　会社四季報で「優良株」の有望企業を探そう……156
【特色】のコメントに注目する／稼ぐ力はどれくらいあるか／全体平均、業界平均と比べる／健全性と継続性を見る／営業CFは「企業の生命維持装置」／「ストック型事業」か「フロー型事業」か／時代はストック型を求めている／来期以降の利益の見通しはどうか／株価指標だけでは正しい評価ができない／安定度は収益モデルで確認する／「就職先」としてどうか

Column　流行を支えている企業を探す……175

第4章

バリュー株

会社四季報の達人が教える、相場の起爆剤になる会社の見つけ方

1―資産価値に対して株価が安い企業を探す……180

値下がりリスクが小さい株／資産に対して株価が安い企業／返済義務のない資産が多いか／「カタリスト」が期待できるか

2―株価が割安な「バリュー株」の銘柄……187

丸八ホールディングス／ソフト99コーポレーション／鳥居薬品／大阪製鐵／JFEコンテイナー／双葉電子工業／ツツミ／立川ブラインド工業／北海道中央バス

3―実践編 会社四季報で「バリュー株」の有望企業を探そう……199

PBRが低い企業は意外と多い／自己資本比率で健全性を確認する／借金が少ないほうが評価は高くなる／資本、自己資本、総資産を理解しておく／Eブロックの【財務】で経営状態を見る／「実質タダ銘柄」もたくさんある／預かり金や未払い金が多い業界に注意／「安物探し」だけでは不十分／PBRとBPSに注目する／土地持ち企業はインフレで値上がり期待／親子で上場している企業を探す／株価が上がりにくい業界

―Column―株主優待で株をもっと楽しもう……220

第5章

老舗株

会社四季報の達人が教える、永続的に成長する会社の見つけ方

1 堅実経営を長年続けてきた企業を探す……224

創業100年を超えた会社／資産として残せる株／ロングセラーの商品・サービスをもっているか／サステナブルな経営が重視されている

2 安心して買える「老舗株」の銘柄……229

松井建設／養命酒製造／カルラ／帝国繊維／多木化学／浅香工業／ロブテックス／岡谷鋼機／ユアサ商事／四国銀行

3 実践編 会社四季報で「老舗株」の有望企業を探そう……243

Aブロックで長寿企業を選び出す／株は次世代に受け継げる資産／日本には100年企業が3万社以上／日本式経営の企業が再評価される／「長寿」が株価上昇のきっかけになる可能性も／時間が企業の価値を醸成する／ロングセラーが安定的な収益をつくり出す／長寿企業と新興企業の両方を見る

Column 意外と知られていない旧財閥系の老舗株……258

序章

会社四季報の「ココ」を読めば、有望企業がわかる

1 ― 有望企業は、5タイプ

「良い会社」の条件

「良い会社」と聞いて、どんな会社を思い浮かべますか?

給料が高い会社、大企業、長寿企業、いい商品をつくっている会社など、「良い」のイメージは人それぞれで異なることでしょう。転職したい会社、あるいは自分の子どもの就職先としてすすめたい会社などと定義する人もいるかもしれません。

証券会社に長年勤め、独立後も株の世界にいる私から見ると、「良い会社」の定義は明確です。それは「自分のお金を投じて株を買いたい!」と思える会社です。

この場合に対象となるのは、株が買える会社、つまり株式市場に上場している会社(上場企業)です。日本の上場企業約3800社のなかにある「株を買いたい!」と思える会社。それが私にとっての「良い会社」です。

将来有望な企業を見つけることが株式投資の原点であり、投資の魅力です。投資家がもっともワクワクする瞬間は「株を買いたい!」と思う会社が見つかったときです。

では、どうやって「株を買いたい会社」を見つければいいのか。

私の武器は四季報です。

四季報は、上場企業に関する詳細な情報をまとめた情報誌。投資家にとっては株価が上がりそうな会社を見つけるための最良の情報源であり、未来に残したい会社を見つけ出す情報源でもあるというのが私の考えです。

世間の評判では、実態はわからない

四季報は、「四季」という名からもわかるように、新春号（12月）、春号（3月）、夏号（6月）、秋号（9月）と年4回発行されます。

上場企業すべてを網羅しているため、1冊当たり約2000ページと分厚いのですが、私はこの四季報を、1997年12月から毎号全ページ読破し続けています。

「大変そう」と思う人も多いことでしょう。たしかに時間がかかります。しかし、その成果は大きく、読破する価値は十分にあります。

実際、株価が何十倍にも跳ね上がった株をいくつも見つけました。また、各企業の細かな情報を読み込むことによって、世の中ではほとんど名が知られていない企業がじつは好業績をあげていたり、世間でよく知られ、「良い会社」と認識されている企業が、業績や財務の面でイマイチだったりと知ることもあります。

業績が伸びている会社、そうでもない会社の違いに目を向けることで、社会全体がどんな価値観を重視しているのかも見えてきます。

企業の価値を正しく知るためには、イメージにとらわれず、企業の実態を深く知ることが大事です。そして、そのためのツールが四季報です。四季報を使えば、業績や財務といった情報をもとに、企業の実態を正しく知ることができるのです。

有望企業には5つのタイプがある

四季報には、企業の実態をつかむための情報が細かく書かれています。

本書では、その情報を活かして、私が四季報読破によって発見した有望企業の株を紹介します。また、皆さんが四季報を使って自力で有望企業を見つけ出せるようになるために、探し方のポイントを紹介します。

もちろん、株を買いたい理由は人それぞれで、どんな株を買いたいかも人それぞれです。

「株価の値上がりで儲けたい！」と考える人がいれば、「資産の一部として長期保有できる株を探したい」という人もいるでしょう。リスクをできるだけ抑えて投資したい人や、株主優待や配当金に興味がある人もいます。

株を買う理由はさまざま。どれが正しく、どれが間違いといった良し悪しはありませんが、どんな株を買いたいかによって探し方が変わります。

そのことを踏まえたうえで、**本書では有望企業の株を次の5つに分けて紹介します。**

1 中小型成長株
2 業績回復株
3 優良株
4 バリュー株
5 老舗株

まずは、それぞれがどんな株なのか、説明しましょう。

〈中小型成長株〉大きな値上がり益が狙える会社

「中小型成長株」とは、売上が急速に伸びる可能性を秘めている中小企業の株です。企業が急成長すれば、大きな値上がり益を得ることができます。

現状はまだ会社や事業の規模が小さいかもしれません。しかし、新たな技術や製品を開発したり、新技術を使った事業モデルをつくり出すなどして、売上を伸ばしていく可能性のある企業です。政策や社会の価値観の変化などが追い風になり、商品やサービスの売上が爆発的に伸びることもあります。

いまや巨大企業となったソニーグループ（6758）やソフトバンクグループ（9984）も、上場当初は小規模な企業でした。本書では、四季報で売上の伸び率などを分析しながら、ソニーやソフトバンクのように、大企業に成長していく企業を見つけます。

〈業績回復株〉業績の回復で株価が跳ね上がる会社

「業績回復株」とは、赤字やそれに近い状態から、業績が回復する可能性のある企業の株です。業績回復による株価の値上がり益が狙えます。

現状は業績不振でも、経営や事業モデルを抜本的に変えたり、新たな事業や商品をつくり出すことによって、業績の向上が期待できる会社があります。景気は良いときと悪いときを繰り返していますから、たまたま業績が落ち込んでいるだけの企業もあります。

とくにコロナ禍以降は業績を悪化させる企業が増え、すぐれた技術力・販売力・事業モデルなどをもっている企業が一時的に業績を下げていることがあります。その点から見ると、コロナ禍は業績回復株を買う貴重なチャンスといえます。

このような企業は、業績が上向けば「買いたい！」と思う人が増え、株価も上がります。その予兆を四季報から読み取り、業績回復株を見つけます。

〈優良株〉稼ぐ力の強いオンリーワン企業

「優良株」とは、稼ぐ力が強い企業の株です。安定的な経営・業績・売上・利益によって、着実な値上がりが期待できます。

中小型成長株では売上の伸びを見て成長性を測るのに対して、優良株は利益率を重視します。売上のうち、最終的にどれくらいの利益を残せるかを分析して、企業の優良性を判定します。

たとえば、他社に真似のできない技術をもっている企業は、その分野でライバルがいないオンリーワンの存在。価格競争に巻き込まれる可能性が小さく、安売りする必要がないため、安定的に利益を確保できます。また、業界でトップシェアをもつ企業や、ニッチな市場を独占している企業も安定的に稼ぐことができます。このような優位性を四季報の情報から読み取り、優良株を探します。

〈バリュー株〉値上がりが期待できる割安な株

「バリュー株」とは、株価が割安な企業の株です。

割安の定義はさまざまありますが、本書では、自己資本や企業が保有している現金や不動産などの資産の価値に対して、株価が割安な株（資産バリュー株）を指します。このタイプの株はすでに株価が割安の状態となっているため、それ以上に値下がりするリスクが小さく、株価下落によって損をする可能性を抑えたい人に向いています。

ただ、割安だからといって投資家に買われるわけではありません。「カタリスト」（株価上昇のきっかけ）がない割安株は「万年割安」の状態で放置されます。そのような株を避けつつ、株価の値上がりが期待できる割安な株を、四季報の情報を使って探していきます。

〈老舗株〉危機を乗り越える力がある会社

「老舗株」とは、創業や設立から100年以上経っている長寿企業の株です。

このタイプは、時代や世の中の変化に適応する力と、数々の危機を乗り越えてきた実績があるため、資産運用の手段として長く株をもちたい人に向いています。

企業の業績は景気の影響を受けます。会社の歴史が長くなるほど、ニーズがなくなる、市場が縮小する、競合が参入するといったリスクも増えます。その結果、上場廃止や倒産に追い込まれて株価が0円になる会社もあります。

2020年に倒産した企業の平均寿命は23・3年でした（東京商工リサーチ）。会社の寿命は業界によって差がありますが、100年企業は平均の4倍以上も長生きしている会社であり、生き残っている背景には、景気に影響されにくい商品や事業モデルをもっている、時代の変化への対応力が強いといった理由があるはずです。その理由を四季報から読み解きながら、長寿企業を見つけます。

2 ― 会社四季報には、何が載っているのか

会社四季報の3つの強み

ここまでのところで挙げた5タイプの企業は、すべて四季報を読むことによってどんな人でも見つけ出すことができます。では、四季報にはどんな情報が載っているのか――有望企業探しをはじめる前に、まずは四季報の強みと見方を押さえておきます。

まずは強みについて。

四季報の強みは次の3点。

1 継続性
2 網羅性
3 先見性

1つ目の「継続性」とは、上場企業の情報を長期にわたって世の中に発信し続けていること。四季報は1936年（昭和11）の創刊。1980年代のニューヨークのブラックマンデー、1990年代のバブル崩壊、2000年代のリーマンショックの時期はもちろ

ん、戦中、戦後の混沌とした時代のなかでも企業情報を発信し続けてきました。

過去の四季報は「会社四季報オンライン（以下、四季報オンライン）」で読むことができます。トヨタ自動車が四季報に初登場したのは戦前の1937年（昭和12）ですが、それ以降の業績、事業内容、戦略などがすべて確認できるのです。これはすごいことです。

企業の業績は、人でたとえるなら通信簿のようなものですが、それが過去80年以上にわたって残っているのです。上場企業の過去の業績がすべて確認でき、検証できます。自分の小中学校時代の通信簿を保管している人はどれほどいるでしょうか。ほとんどいないでしょう。80数年分の資料が見られるということは、2つ上の世代まで遡《さかのぼ》って、親や祖父母の成績、長所、短所が確認できるということなのです。

世界中を見渡しても、これだけ長期にわたって企業情報を発信し続けている情報誌はありません。

2点目の「網羅性」とは、全上場会社を一冊に掲載していることで、このような冊子は世界で唯一四季報だけ。各企業について14分野にわたって細かな情報を掲載していますが、レストランでたとえるなら、四季報は、提供するすべての料理について、原材料、材料の生産者、作り方、味の特徴、人気といったことが個々に書かれているメニュー表のようなものです。

　株を買うときには、当然ながら「買いたい会社」を選ばなくてはいけません。しかし、「知っている日本企業を挙げてみましょう」と言われても、ほとんどの人は100社も思い浮かばないでしょう。その状態で株を買うのなら、上場企業約3800社のうち3700社を無視することになります。麻婆豆腐や棒々鶏《バンバンジー》が美味しい店で、食べ慣れているからといって、それほどの味でもないラーメンしか頼まないようなものです。そこで必要になるのが、すべての料理について詳細がわかるメニュー表。それが四季報なのです。

　3点目は「先見性」。これには2つのポイントがあります。

　四季報は、80年以上前から年4回発行されています。企業が四半期決算を開示しているから四季報も年4回発行なのだろうと思っている人が多いでしょうが、実際は逆です。

　上場企業すべての四半期決算が開示されるようになったのは、2000年以降です。四季報は、ほかの企業情報誌の発行が年1～2回だった時代に、「株式会社を見る場合には、日々刻々の息吹を知る必要がある」（序文『発刊に就て』より）と考えて、創刊時から年4回の発行とし、現在の四半期決算の発想を先取りしていたのです。

　もう1つのポイントは、すべての銘柄について来期の業績予想がついていること。

業績や企業情報などをまとめている雑誌やサイトはいくつもありますが、全銘柄の来期予想が載っているのは四季報だけです。株の売買を仲介する証券会社でも企業の来期予想を出していますが、その数はせいぜい500社程度。四季報は上場企業約3800社すべての来期予想を掲載しています。

会社四季報を読めば、誰でも大化け株が見つかる

私が、このような四季報の強みを活かして大化け銘柄を見つけたのは、四季報読破を始めてから4冊目のことでした。このとき見つけた銘柄は1年程度で約20倍になりました。

当時、私は野村證券で個人投資家向け営業の仕事をしていたので、大化け株を推奨したことによってお客さんに大変喜ばれました。

「渡部さん、よく見つけましたね」

「冴えていますね」

そう言ってくれる人もいましたが、運や勘で見つけたのではありません。**四季報は街の書店に行って2000円ちょっと出せば誰でも買って読むことができます。四季報を読むか読まないか。その差によって、有望企業を見つけられるかどうかが決まるのです。**

「細かい字を読むのがつらい」「本はかさばるからデータで情報を見たい」という人には、**オンライン版もあります。**月額1100円（税込）のベーシックプランからあり、図書館などで過去の四季報を探さなくても、月額5500円（税込）のプレミアムプランなら、約80年分の全ての情報を手元で見ることができます（価格は2022年2月2日時点）。

ちなみに、私はプレミアムプランを使っています。プレミアムプランでは、過去の業績や財務情報を見ることができ、キーワードや社長や株主などの情報から株を探す機能も備わっています。このようなデジタルデータは、かつては高額のDVDによる販売のみで、当時、私は数十万円を払って購入していました。いま、数十万円の値打ちがある情報を月額5000円程度で取得できるのは大変お得。これから四季報を使って株式投資したいという人におすすめしたいプランです。

では、四季報はどう読めばよいのか。初めて四季報を開いた人は、小さな数字と文字の羅列にめまいを覚えるかもしれません。しかし、読み方は簡単です。

すべての企業の情報が同じフォーマットで掲載されているので、どこに何が書いてあるかを把握し、何を知りたいかが明確になっていれば、知りたい情報を即座に見つけることができます。ここからは、実際の誌面を使って説明しましょう。

3 「6つのブロック」だけ見ればいい

「アベジャパン・デラックス」に注目

四季報の企業情報は14のブロックに分けられます。各企業について知るために14の情報はそれぞれ重要ですが、すべて読み込むのは大変ですし、その必要もありません。有望株探しには14のうち6つのブロックを活用します。

14のブロックそれぞれにアルファベット（A～N）を当てはめると、そのうち本書で有望株探しに使うのは、A、B、E、J、N、Dの6つです（28～29ページ参照）。

この6つのブロックを「アベジャパン（A、B、E、J、N）・デラックス（D）」と覚えてください。

なお、「アベジャパン・デラックス」以外に2カ所だけ参照するところがあります。1つは、Kブロックの下のほうに書かれている「1株純資産」。もう1つは、Iブロックの一番下に書かれている「比較会社」。これらも有望株探しの手がかりになります。必要に応じて説明します。

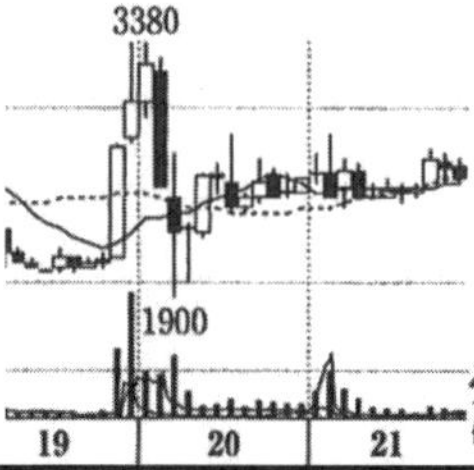

株価指標

予想PER (倍)
〈22.2〉 18.4
〈23.2〉 17.3
実績PER
高値平均 52.4
安値平均 34.3
PBR 1.88
株価(11/25)
2636円
最低購入額
26万3600円

【食料品】 —— 業種

⬆前号比増額 😊会社比強気

2294
(株)柿《かき》安《やす》本《ほん》店《てん》

【特色】精肉店の老舗。百貨店に精肉、総菜店を展開。松阪牛販売に強み。外食事業も。和菓子を育成中
【単独事業】精肉42(12)、惣菜29(6)、和菓子18(5)、レストラン6(▲35)、食品5(8)〈21・2〉

【決算】2月
【設立】1968.11
【上場】1997.6

A

B

【増 額】連結決算開始。出店7、退店30。柱の精肉と総菜は後半にかけコロナ影響低減。原価と人件費低減が想定超。営業益上振れ。時短協力金。150周年記念配も。23年2月期はコロナ影響縮小し回復続く。
【販路開拓】都内に借りた外部の厨房設備を活用し駅ビルなど百貨店以外への総菜出店強化。株主優待のあり方など株主還元の見直しを検討開始、22年2月期中にも結論。

L

M

【本社】511-8555三重県桑名市吉之丸8
☎0594-23-5500
【支社】関東☎03-5759-0760
【事業所】5【店舗】東京48,大阪25,愛知52,千葉26,京都6,神奈川27,他167 計351
【従業員】〈21.8〉連956名 単892名(41.5歳)年445万円
【証券】上東京 幹(主)野村 副三菱Uモル,大和,岡三,みずほ,日興,東海東京 名三菱U信 監東陽
【銀行】百五,みずほ,三菱U
【仕入先】伊藤忠食品
【販売先】イオンリテール

C

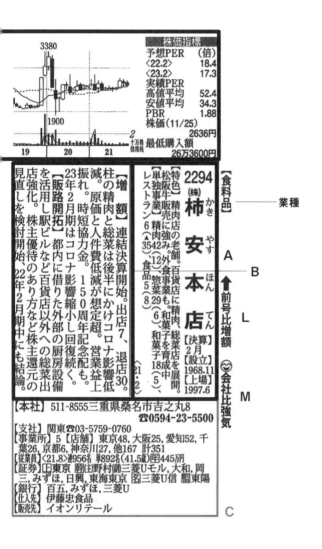

▶ 企業情報ページの6つのブロックを見る

N

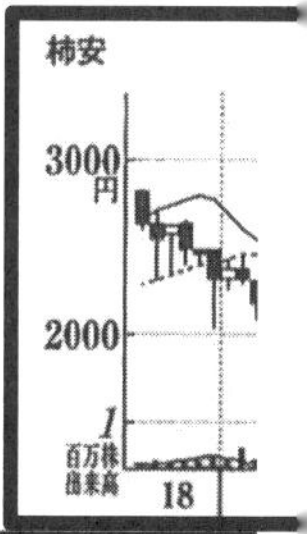

F

年月	【資本異動】	万株
03.11	分1→1.3	1,157
05. 7	公70万株 (1438円)	1,228
05. 8	三者10万株 (OA)	1,238

G

東証	高値	安値
97~19	**3540**(18)	**820**(11)
20	3380(1)	1900(3)
21.1~11	2849(2)	2416(3)

	高値	安値	出来万株
21. 9	**2775**	**2530**	23
10	2758	2585	20
#11	2717	2579	15

H

【配当性向】297.6%(3期平均130.5%)
【増減配回数】増7 減0 据3 無0
【四半期進捗率】3期平均21.4%
今期40.4%(+19.0pt)

I

【業種】外食・娯楽サービス
時価総額順位 48/157社
【比較会社】9945 プレナス, 2910 ロックフィ, 7561 ハークスレ

E

【株式】10/31 12,446千株
単位 100株 貸借 優待
時価総額 328億円
【財務】<連21.8> 百万円
総資産 18,674
自己資本 14,702
自己資本比率 78.7%
資本金 1,269
利益剰余金 15,858
有利子負債 0
【指標等】 <単21.2>
ROE 1.7% 予10.2%
ROA 1.4% 予 8.0%
調整1株益 ―円
最高純益(19.2) 1,630
設備投資 376 予 ‥
減価償却 610 予 ‥
研究開発 ‥ 予 ‥
【キャッシュフロー】百万円
営業CF 1,152(2,226)
投資CF ▲433(▲666)
財務CF ▲789(▲686)
現金同等物 7,417(7,487)

D

【株主】単10,283名<21.8> 万株
自社(自己株口) 197(15.8)
(株)赤塚興産 90(7.2)
日本マスター信託口 47(3.7)
赤 塚 保 正 31(2.5)
日本カストディ信託口 27(2.2)
百 五 銀 行 27(2.1)
東京海上日動火災 26(2.0)
赤 塚 勝 子 24(2.0)
赤 塚 美 雪 20(1.6)
自社社員持株会 18(1.4)
<外国> 1.9% <浮動株>42.8%
<投信> 3.7% <特定株>42.4%

【役員】(社)赤塚保正 (副社)岡本貫之 (専)赤塚義弘 (取)上垣清澄* 木立真直* 大上有衣子* (常監)樋尾清明 (監)梶川融* 根岸康二*

【連結】KHフードサービス

J

【業績】(百万円)	売上高	営業利益	経常利益	純利益	1株益(円)	1株配(円)
連17. 2	43,508	2,240	2,279	1,253	116.2	45
連18. 2	43,957	2,603	2,681	1,671	157.1	55
単19. 2	44,342	2,338	2,412	1,630	155.7	65
単20. 2	43,937	2,429	2,512	1,501	143.4	75
単21. 2	37,289	1,314	1,523	263	25.2	75
連22. 2予	38,000	2,500	2,700	1,500	143.3	75~80記
連23. 2予	40,000	2,900	2,900	1,600	152.8	75~85
連21.3~8	18,028	929	1,151	604	57.7	0
連22.3~8予	19,200	1,200	1,200	700	66.9	0
会22. 2予	38,500	2,300	2,300	1,300	(21.7.13発表)	

K

【配当】	配当金(円)
17. 2	45
18. 2	55
19. 2	65
20. 2	75
21. 2	75
22. 2予	75~80
23. 2予	75~85

予想配当利回り 2.85%
1株純資産(円)<連21. 8>
1,404 (1,414)

(『会社四季報』2022 年新春号)

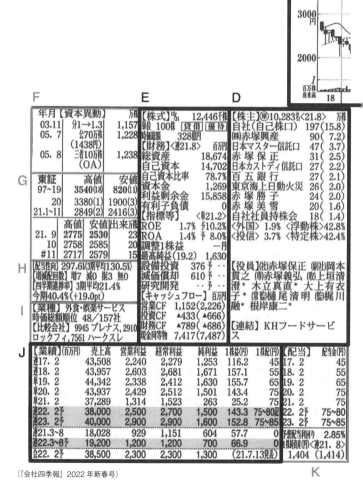

有望株探しは、基本的に「アベジャパン・デラックス」の6ブロックで完結します。
では、アベジャパン・デラックスから何がわかるのか、6ブロックを説明しましょう。

〈Aブロック〉企業概要

Aブロックは、証券コード、社名、特色が書かれている企業紹介のブロックです。証券コードは、上場企業1社ずつに割り当てられている数字で、四季報には数字が小さい企業から順番に掲載されています。

【設立】や【上場】の年もここに書かれていますから、**「老舗株」を探す際にはこのブロックを確認します。**

【特色】は、どんな事業を行っているかを説明している項目です。その企業がどんな市場で事業を展開し、どんな強みをもっているかがわかります。

特色の欄に「世界首位」「業界首位」「シェア1番」などと書かれている企業は、その分野で優位性をもっているということですから、「優良株」の可能性を秘めています。唯一の技術をもっていたり、大きなシェアを占めている企業は、その分野で価格決定権をもつことができるため、収益が安定しやすくなります。

〈Bブロック〉業績と今後の展望

Bブロック（次ページ参照）には、企業の現状と今後について、四季報の編集部によって評価や業績予想がコメントされています。

コメント欄は2つあります。【　】内に見出しがあり、その下に説明があります。内容は原則として、右側（コメント1）が今期業績など目先の動向、左側（コメント2）が今後の中長期の展望や課題について。コメント1が短期的、コメント2が中長期的な評価です。

たとえば、過去最高の利益を更新した場合は、コメント1の見出しに【最高益】などと書かれます。本文にその理由や材料の解説が

▶ Aブロックで企業の概要をつかむ

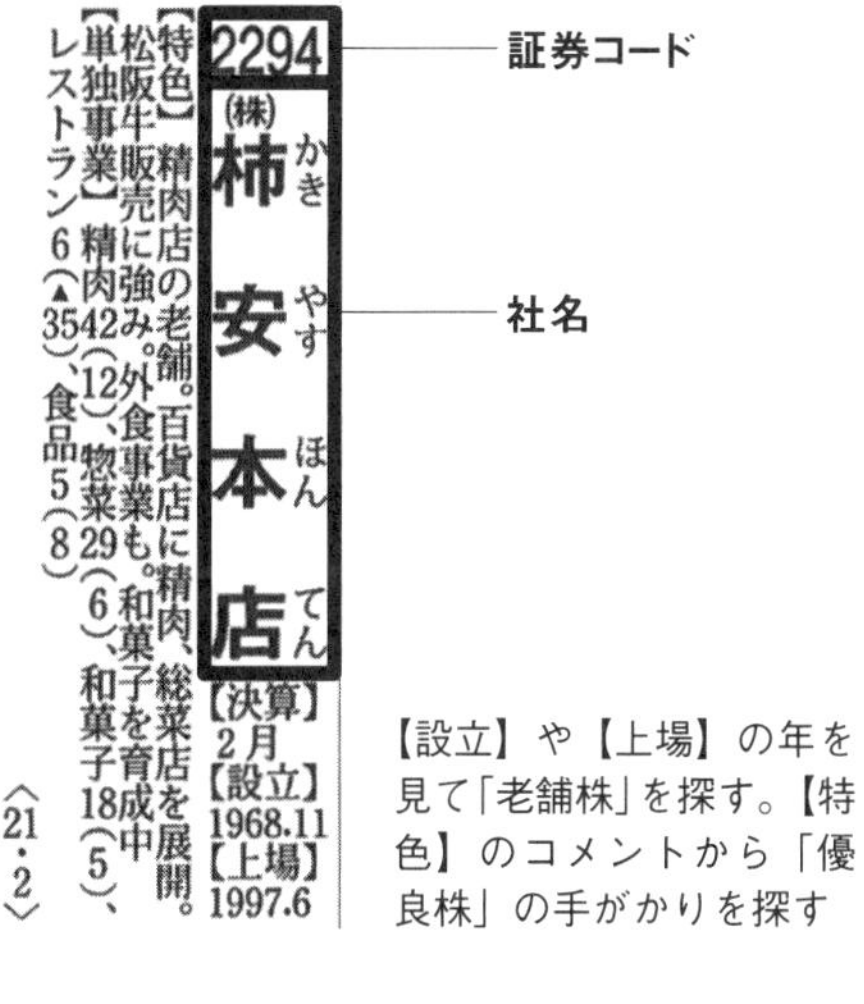

（『会社四季報』2022年新春号）

あり、コメント2の本文には、業績などの予測の根拠となる中長期的な材料などが書かれています。材料とは、株価に影響を与える活動などのことです。

「中小型成長株」を探す場合は、「絶好調」「最高益」「続伸」「急進」「飛躍」といったポジティブな見出しを探していきます。

「業績回復株」を探す場合は、足元の業績が悪化しているものを探すため、「悪化」「赤字」などネガティブな見出しに注目します。コメント内に「底打ち」「V字回復」「急回復」「急反発」「一転黒字」など、先行きがポジティブなワードがあれば業績回復の可能性が高いといえます。

▶Bブロックの見出しに注目する

【増額】連結決算開始。出店7、退店30。杜の精肉と総菜は後半にかけコロナ影響低減。原価と人件費低減が想定超。営業益上振れ。時短協力金。150周年記念配も。23年2月期はコロナ影響縮小し回復続く。
【販路開拓】都内に借りた外部の厨房設備を活用し駅ビルなど百貨店以外への総菜出店強化。株主優待のあり方など株主還元の見直しを検討開始、22年2月期中にも結論。

今後や中長期の予想・課題

今期や目先の動向

（『会社四季報』2022年新春号）

「中小型成長株」を探す場合はポジティブな見出し、「業績回復株」を探すときにはネガティブな見出しに注目する

〈Eブロック〉経営の健全性

Eブロックは、経営の健全性と企業の継続性を見るブロック。

成長性を見るための参考として、【指標等】のなかにある「最高純益」も押さえておきます。最高純益には、過去に純利益が最高だった決算期と数字が記載されていて、この金額を今期予想が超えるかどうかが成長度合いを測るポイントになります。

【財務】の部分に貸借対照表（BS）の重要な数字が抜粋されています。BSについては次章以降で詳しく説明しますが、簡単にいえば、その企業がどこからどうやってお金を調達し、そのお金をどのように運用しているかを示した表。**そのなかの「自己資本比率」は**

▶ Eブロックで継続性と健全性を見る

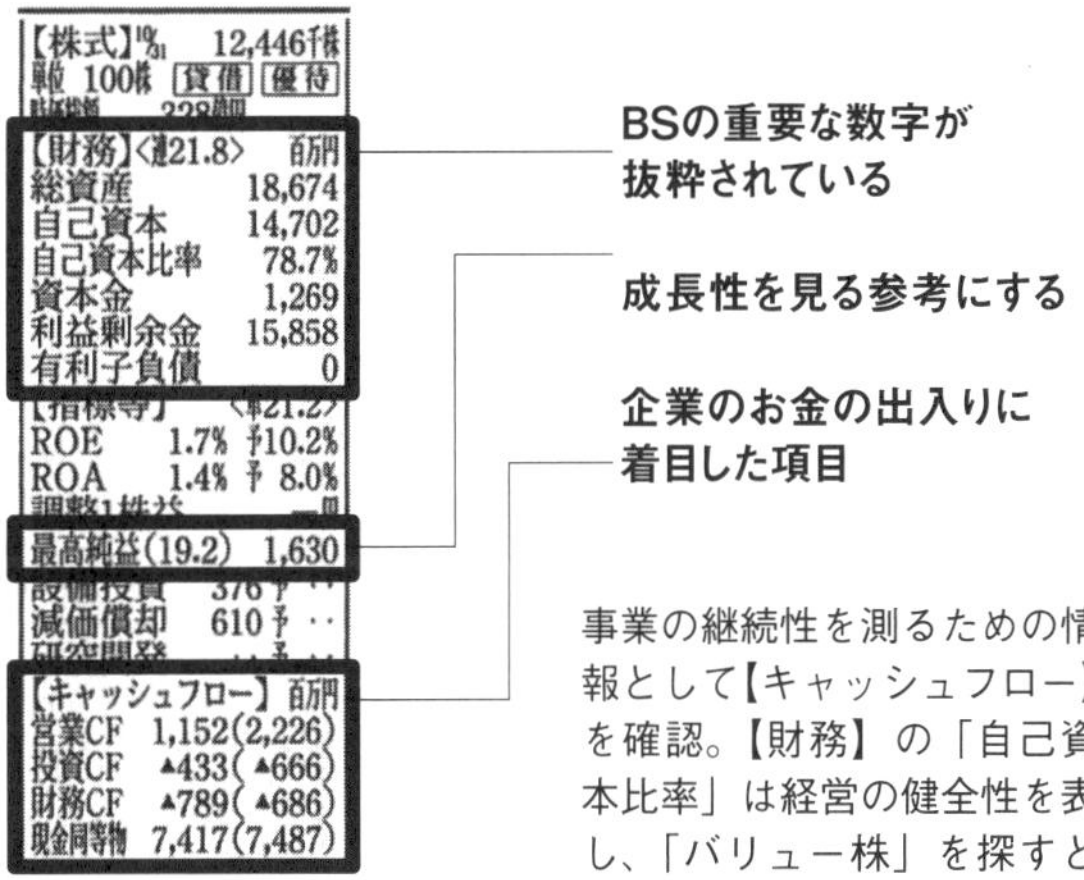

事業の継続性を測るための情報として【キャッシュフロー】を確認。【財務】の「自己資本比率」は経営の健全性を表し、「バリュー株」を探すときなどに使う

（『会社四季報』2022年新春号）

経営の健全性を表すもので、「バリュー株」を探すときなどに使います。

【キャッシュフロー（ＣＦ）】は、企業のお金の出入りに着目した項目で、いわば企業のお金のやりくりのこと。事業の継続性を測るための情報として確認します。本業の「収入」と「支出」の差引きを表すのが営業ＣＦ、設備投資などの「投資」と「回収」の差引きを表すのが投資ＣＦです。これも次章以降で実践的に説明しましょう。

〈Ｊブロック〉売上と利益の推移

Ｊブロックには、過去数年間の営業成績、今期・来期の四季報独自の予想が書かれています。その企業の損益計算書（ＰＬ）から重要な数字が抜粋されています。その見方は次章以降で説明します。ここではＪブロックの読み方を押さえておきましょう。

【業績】は、上から順に、前々期、前期、今期（予想）、来期（予想）と、縦に時系列順に並んでいます。灰色の部分が予想、灰色の部分より上が実績です。横に、左から順に売上高、営業利益、経常利益、純利益……と並んでいます。

注目するポイントは売上高と営業利益です。売上高を時系列で見比べることで、企業の成長性がわかります。

売上高の伸びを「増収率」といい、これこそが成長性であり、株価の値上がりが期待できる「中小型成長株」を探す際の重要な手がかりになります。

営業利益が伸びることを「利益成長」といい、こちらも重要ですが、本質的な成長は増収率を見ます。売上高は「顧客数×単価」で表せるため、増収率が高いときは、顧客数が増えているか、単価が上がっているといえるので、成長力があると判断できます。

また、各期の数字を横に見て、売上高と営業利益を比べると、どれくらい売り上げて、どれくらいの利益を残しているかがわかります。**これは稼ぐ力を把握するための情報で、「優良株」を見つけるポイントとして注目し**

▶ Jブロックで売上と利益の推移を見る

【業績】(百万円	売上高	営業利益	経常利益	純利益	1株益(円)	1株配(円)
連17. 2	43,508	2,240	2,279	1,253	116.2	45
連18. 2	43,957	2,603	2,681	1,671	157.1	55
単19. 2	44,342	2,338	2,412	1,630	155.7	65
単20. 2	43,937	2,429	2,512	1,501	143.4	75
単21. 2	37,289	1,314	1,523	263	25.2	75
連22. 2予	38,000	2,500	2,700	1,500	143.3	75~80記
連23. 2予	40,000	2,900	2,900	1,600	152.8	75~85
連21.3~8	18,028	929	1,151	604	57.7	0
連22.3~8予	19,200	1,200	1,200	700	66.9	0
会22. 2予	38,500	2,300	2,300	1,300	(21.7.13発表)	

売上高と営業利益に注目　　PERの算出で使う

その企業のPLから重要な数字が抜粋されている。過去数年ごとの年間の営業成績に加えて、四季報独自の今期・来期の予想が書かれている

(『会社四季報』2022年新春号)

ます。

Ｊブロックで、もう1つだけ押さえておきたいのは、右から2番目の「1株益」。これは、1株当たりの利益額で、ＥＰＳ（Earnings Per Share）といいます。後述する株価収益率（ＰＥＲ＝Price Earnings Ratio）を算出するときに使います。

〈Nブロック〉株価の方向性と変化

Ｎブロックに載っているのは株価チャートと株価指標。

株価チャートは、株価の値動きを表し、株価指標は、割安か割高かといった視点で現在の株価がどれくらいの水準にあるかを知るデータです。**株を売買するタイミングを計るために重要な情報です。**

まずはチャートを構成している重要なパーツを理解しておきましょう。

チャートは、縦軸が株価、横軸が時間で左から右に時間が流れています。四季報のチャートでは、3年強分（41カ月）の値動きが確認できます。

チャート内の1本1本の縦棒はローソク足といい、一定期間の値動きの幅を表します。四季報のチャートで使用しているローソク足は「月足」といってその月の動きを1本にまとめたもので、月初より月末の株価が上がっていれば白い棒（陽線）、月初より月末の株価が下がっていれば黒い棒（陰線）となります。

チャート上の実線と点線の曲線は「移動平均線」といいます。各ローソク足の終値（月末の株価）の平均を計算したもので、実線は12カ月（12本）、点線は24カ月（24本）の平均です。移動平均線が上向きなら株価は上昇傾向、下向きなら下落傾向と判断できます。

ローソク足が移動平均線より上にある場合は、過去に買った人の平均価格よりもいまの株価のほうが高いということですから、いまの株主は基本的には儲かっている人が多いと判断できます。ローソク足が移動平均線より

▶ Nブロックで株価の方向性と変化を知る

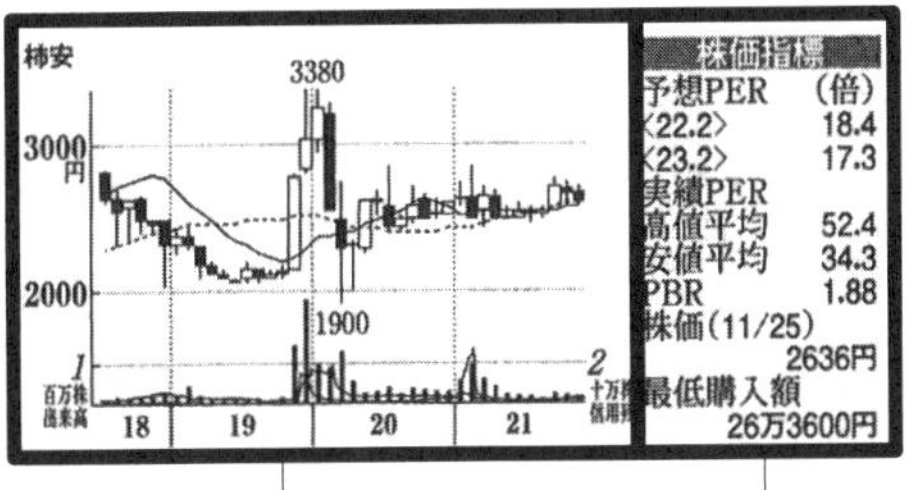

株価の値動きを表している　株価の水準を知るデータ

株価チャートと株価指標を見て、
株を売買するタイミングを計る

（『会社四季報』2022年新春号）

下にある場合はその逆で、いまの株主は基本的には損している人が多いと判断できます。

チャートの見方を押さえたら、値動きの分析を行います。

まずは方向性を確認しましょう。

株価は、企業に対する株式市場の評価です。市場の投資家は、誰もが「上がる」と思って株を買いますから、有望だと思われている株は上がり、イマイチと思われている株は下がります。つまり、上向きか下向きかを見ることで、市場がその企業をどう評価しているかがわかります。

方向性は、直近1年くらいの値動きを見るのがよいでしょう。この期間で、陰線より陽線が多いか、移動平均線が上向きであれば、市場は「上がる」と評価し、株価は上昇傾向（上昇トレンド）にあると判断できます。逆に、陽線より陰線が多いか、移動平均線が下向きの場合は、市場は「下がる」と評価し、株価は下降トレンドにあると判断できます。

基本的な考え方として、成長力重視で買う場合には、上昇トレンドのタイミングで買います。この買い方を、流れに順応して買うという意味で「順張り」といいます。一方、株価が安いときや、下落したときを狙って買う場合には、下降トレンドのタイミングで買います。この買い方を、流れに逆行して買うという意味で「逆張り」といいます。

「中小型成長株」は、高く買って、さらに高く売ることによって利益を出すという順張りが一般的ですが、株価が何倍にもなるものは、より安く買うことが重要なので、逆張りになることが多いものです。「業績回復株」や「バリュー株」を狙うのであれば、逆張りがよいでしょう。逆張りは、安く買って、高く売ることによって利益を出します。

次に変化を見ます。変化とは、株価の方向や勢いが変わることです。

株価は、高値、安値をつけながらつねに上下します。ずっと上がり続けたり、ずっと下がり続けたりすることはなく、どこかでトレンドが変わります。トレンドの変化として、上昇から下落に変わるもの、下落から上昇に変わるもの、ずっと横ばいだった株が、突然上昇し始めることもあります。その予兆は、チャートに現れます。

たとえば、陰線より陽線が多い上昇トレンドのチャートで、急に陰線が連続するようになる、急角度で上がっていた移動平均線の角度が緩やかになるといった変化は、下降トレンドに変わる予兆と見ることができます。

また、移動平均線の実線は直近12カ月の平均、点線は24カ月の平均ですから、期間が短い実線のほうが新しい情報といえます。

そう考えると、市場が「この株は買える！」と評価し始めた場合、24カ月の移動平均線より先に、12カ月の移動平均線が上がります。その結果、12カ月の移動平均線が、24カ月の移動平均線を下から上に突き抜けることを「ゴールデンクロス」といい、これが株価が安い位置にいるときに起きると、買いのタイミングとされています。逆に、12カ月の移動平均線が、24カ月の移動平均線を上から下に突き抜けるのは「デッドクロス」。これが株価が高い水準のときに起きると、売りのタイミングです。

変化という点でもう1つ見ておきたいのが、ローソク足の下に並んでいる縦棒グラフ。これは、株の取引数を表す「出来高」というもの。株価が上がっているときは人気のバロメーター、下落しているときはパニックのバロメーターとして使います。

たとえば、株価が安い位置で推移しているときに、出来高が増えて株価も上昇し始めた場合、市場が「この株は買いだ！」と判断した可能性が高いといえます。こういう場合は、買い。**「業績回復株」や「バリュー株」などは、出来高と株価の上昇が、値上がりスタートの合図になるケースがあります。**

逆に、株価が高い位置にあるときに、出来高が増えて株価も下落し始めた場合は、市場が「この株はいち早く手放さなければいけない！」と判断した可能性があります。こういう場合は、売り。市場の状態が悪化したり、業績悪化につながる悪い材料などが出たりしたときには、このようなパニックが起きやすくなります。

次に、株価指標の部分。ここには、株価の割安さの指標となるPERとPBRが書かれています。

PERは「株価収益率」のことで、いまの株価が、1株当たりの当期純利益の何倍まで買われているかを示しています。1株当たりの当期純利益は、Jブロックに書かれていた「1株益」（EPS）です。

PBRは「株価純資産倍率」のことで、いまの株価が、1株当たり純資産の何倍まで買われているかを示しています。現在の株価が割安か割高かを判断するために使います。

PERとPBRは、株価の割安、割高の指標としてよく使われますが、一方で、PERとPBRは「投資家の期待の表れ」と見ることもできますから、注意が必要です。

〈Dブロック〉大株主と持株比率

最後にDブロック。**【株主】**には株主構成が書かれています。誰が、どれくらいその企業の株をもっているかを示しています。

じつは、Dは最近になって追加した重要なブロックです。私は以前からA、B、E、

J、N（アベジャパン）の5ブロックが重要と考え、主宰する複眼経済塾でも、5ブロックの読み方を重点的に伝えてきました。しかし、中小型成長株の分析を進めていくなかで、あることに気づきました。それは、**「大化けする株はオーナー企業が多い」**ということです。

オーナー企業とは、【役員】欄の社長や会長が筆頭株主など大株主となっている企業。つまりトップが企業を所有（株主）し、経営（経営者）していることです。トップが両方から影響力を発揮し、大胆な判断や素早い行動ができるため、そこに注目することが大化け株の発見につながるのではないかと考えて、Dブロックを重要ブロックに追加しまし

▶Dブロックで大株主と持株比率を知る

【株主】(単)10,283名<21.8>	万株
自社(自己株口)	197(15.8)
㈱赤塚興産	90(7.2)
日本マスター信託口	47(3.7)
赤 塚 保 正	31(2.5)
日本カストディ信託口	27(2.2)
百 五 銀 行	27(2.1)
東京海上日動火災	26(2.0)
赤 塚 勝 子	24(2.0)
赤 塚 美 雪	20(1.6)
自社社員持株会	18(1.4)
<外国> 1.9%	<浮動株>42.8%
<投信> 3.7%	<特定株>42.4%

誰がどれくらい株をもっているか

【役員】(社)赤塚保正 (副社)岡本貫之 (専)赤塚義弘 (取)上垣清澄* 木立真直* 大上有衣子* (常監)樋尾清明 (監)梶川融* 根岸康二*

大株主が会長や社長であるかどうか

【連結】KHフードサービス

（『会社四季報』2022年新春号）

「大化けする株はオーナー企業が多い」ため、【株主】【役員】からオーナー企業かどうかを見る

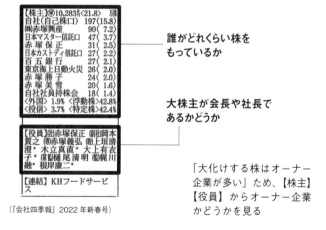

た（ただし、本書の刊行時点では四季報オンラインのスクリーニング機能を使ってオーナー企業の判定はできないので、気になる企業のDブロックを1つずつ確認する必要があります）。

自力で有望企業の株を見つけよう

以上が、6つのブロックに注目した四季報の読み方の基本です。細かくて複雑に見える四季報の誌面ですが、これで、どこに何が書いてあるか、どこを重点的に見ればよいかがわかりました。自力で有望企業の株を見つける素地ができたということです。

じつは、株でうまくいかない人の大半はこの素地がありません。

株は、自分で探し、自分で調べて、納得できたときに買うのが大原則。得するのも損するのも自分ですから、信じてよいのは自分だけ。突き詰めていえば、証券会社の推奨も株サイトのおすすめも、見知らぬ他人が発信している情報。私が本書で分析した株についても、私が分析して買えそうだと判定した株を紹介しているだけで、推奨するつもりはありませんし、自分で納得できるものでなければ絶対に買ってはいけません。

しかし、実際はどうかというと、多くの人が「あの人が推奨していたから」「知り合いにすすめられたから」「話題だから」といった理由で、何十万円、何百万円もする株を買ってしまうのです。これは株特有の現象です。

私たちは数十万円のお金を使うとき、たとえば、家電を買うときは、買う前にカタログを取り寄せ、比較サイトで複数の商品を比べ、スペックを調べます。さらに、口コミ情報を読んだり、安くなるのを待ったりすることもあります。

100万円を超える買い物をするとき、たとえば、車を買うときはより真剣に考えます。「あの人がすすめていたから」という理由だけで買う人はいないでしょうし、自分でカタログを読み込み、試乗して、「これしかない！」という気持ちで、長く乗ることを想定して、ようやく購入を決断します。

株を買うときにも同様に、十分に調べて買うべきです。

重要なのはしっかりとプロセスを踏むこと。そのプロセスの第一歩が四季報の読み方を知ることなのです。

紙媒体（紙版）の四季報ではなく、ネットで四季報オンラインを使う人も多いかもしれません。四季報オンラインは紙版と比べると、各ブロックの配置が縦スクロールになっている、業績予想の修正記号などが載っていないといった違いはありますが、掲載されている情報は基本的に同じです。重点的に見る6つのブロックもオンラインで確認できます。

どちらを使うにしても、基本の読み方がわかれば、株を買うためのプロセスの半分は達成です。残りの半分は、四季報に示されている情報の活用方法を知ること。次章以降で、その方法を説明しながら、5タイプの有望企業の株を探していきます。

以下の1～5章は、有望株5タイプについて、①探し方、②私が探し出した有望株、③読者の皆さんが自分で有望株を探すための具体的な方法を解説した実践編で構成されています。

中小型成長株

第1章

会社四季報の達人が教える、大きく成長する会社の見つけ方

1 ― 株価10倍が狙える大化け株を探そう

小さな会社ほど、成長の余地が大きい

「中小型成長株」は、文字どおり中小規模の企業の株。本章では、このなかから大きな成長が見込める株を探していきます。

このタイプは、事業、市場、業績などが大幅に伸びる可能性を秘めているところが魅力。企業が成長したときに株価が値上がりするため、大きなリターン（キャピタルゲイン）が期待できます。

中小企業には大企業のような安定性はありません。しかし投資家目線では、「まだ小さい」という点が重要です。なぜなら、小さいほど成長の余地が大きく、会社も株価も大きく伸びる可能性があるから。株価が10倍になる「テンバガー（10 bagger）」株がたくさん生まれるのもこのタイプです。

中小型成長株について語るうえでは、アメリカを代表する投資家の1人、「元祖テンバガー・ハンター」と称されるピーター・リンチさんの話をしなければなりません。

「テンバガー」という言葉は1990年初版の『ピーター・リンチの株で勝つ』（ダイヤモンド社）という本の中で紹介されて、日本でも知られるようになりました。ちなみに、バガー（bagger、バーガーではありません）は、バッグ（bag）の派生語で、アメリカでは野球の各塁のベースをバッグとも呼び、満塁ホームランを4バガーと呼ぶことから、株価10倍になる株をテンバガーと呼ぶようになりました。

リンチさんが株を始めたのは中学生の頃で、大学の学費は株で稼ぎました。その後も株の世界で実績を上げていくのですが、特筆したいのは、フィデリティ・インベストメンツという運用会社での活躍です。

同社のファンドマネジャーとなったリンチさんは、マゼラン・ファンドというファンドの運用を任されました。ファンドは、複数の株に投資してリターンを狙います。どの企業に、どれくらい投資するかを決めるのがファンドマネジャーであるリンチさんの役割でした。

マゼラン・ファンドを運用したのは1977年から90年の13年間で、この間にアメリカのニューヨーク・ダウ平均株価は約3倍になりましたが、リンチさんのファンドの価格はそれをはるかに超える28倍になったのです。そのため、当時は「世界ナンバーワンのファンドマネジャー」と呼ばれました。

この驚異的な結果をもたらしたのが、テンバガー株の発掘でした。リンチさんは、大きく値上がりする可能性を秘めた有望企業の株を数多くファンドに組み入れていたのです。

テンバガー候補を見つける3つの条件

リンチさんは当時、1400もの銘柄に投資していたといわれます。

「そんなに⁉」「多すぎる！」と感じる人もいるでしょうが、ポイントは投資先を分散することです。仮に10社に均等に投資した場合、そのうちの9社の株が値下がりしたとしても、残り1社の株が10倍になれば損はしません。

また、保有株がたくさんあれば、そのうちの1〜2社が倒産したとしても、投資額全体に対する影響は小さくなります。10社のうち1社が倒産し、株価が0円になったとしても、全体に与える影響はマイナス10％。残り9社のどれかがテンバガー株になれば、損失を埋められるどころか、収支は大きくプラスになります。中小型成長株の投資ではここがポイントです。

テンバガーの可能性がある株を探してとりあえず買ってみる。1つの銘柄に資金を集中

させるのではなく、複数の銘柄に幅広く目を向けながら、ちょっとずつ買ってみる。こうして、テンバガー株の候補数を増やしていくと、資産全体のリスクを抑えたポートフォリオ（複数銘柄のパッケージ）ができます。

現実的には、リンチさんのように1400もの銘柄を買うのは難しいでしょうが、20社くらいには分散できるかもしれません。だからこそ、テンバガー（10倍）とまではいわないまでも、ツーバガー（2倍）、スリーバガー（3倍）くらいを狙える中小型成長株を1つでも多く探し出さなくてはいけません。

では、リンチさんはどうやってテンバガー株を見つけたのか。

リンチさんは、「中小型株と業績回復株を買いなさい」と提言しています。この2タイプの株に目を向けることが、大きなリターンをつかむ第一歩ということです。

本章では、成長力があり、テンバガーも夢ではない中小型成長株を見つける条件として、以下の3点に注目します。

①中小型株
②成長性
③オーナー企業

時価総額３００億円以下を探す

中小型株は、売上、利益、従業員数、拠点数などではなく、「時価総額」で判断します。時価総額は企業価値ともいわれ、発行済み株式の数と株価を掛けて算出します。

たとえば、発行済み株式数が３０００万株であれば、株価１０００円で時価総額３００億円。１０００円の株価が２０００円になればツーバガー、３０００円になればスリーバガー、１万円になればテンバガーです。

時価総額が小さいほど、何倍にもなる可能性があります。ただ、その点にこだわりすぎると企業の選択肢が狭くなります。小さいほど大化けの可能性はありますが、本書では、時価総額３００億円を基準に探すこととします。

前期からの増収率20％以上を探す

中小型株を見つける条件の２つ目は企業の成長率。成長率の高さは、「増収率」で判断します。増収率は、売上が前期と比べてどれくらい増加しているかを表します。

四季報には、各年度の売上額は載っていますが、前期と比較した増収率（減収率）は記載されていません。そこで、増収率（減収率）を計算機で計算します。Jブロックに記載されている【業績】の数字を使います（計算方法は69ページからの《実践編》をご覧ください）。

増収率について、東証の上場企業全体を見ると、四季報2022年新春号によれば、今期の平均は8・8％、来期は3・4％（四季報の3ページで確認できます）。これを踏まえると、前期からの増収率が20％もあれば、その会社は十分に成長力があるといえます。増収率20％が4年続けば、4年後その会社の売上は約2倍になります。

本書では、それくらい大きな成長力をもつ企業を探すために、**前期・今期の増収率が20％以上、今期・来期の増収率（予想）15％を基準に探します。**

オーナーが大株主3位以内にいるか？

オーナー企業であることも中小型成長株の重要な条件です。

オーナー企業は、創業者や社長が会社を所有し、経営権をもっているのが強みです。経営の意思決定を自分でできるため、時代の変化に迅速に対応できます。

成長力を高め、速いスピードで規模や事業を拡大していくためには、これが重要なポイントとなります。実際、過去のテンバガー銘柄を分析してみても、8割ほどがオーナー企業か、それに近い企業でした。

その背景を踏まえて、本書では、**創業者、創業者の家族、家族の資産管理会社などが、大株主の3位までに入っている企業をオーナー企業、またはそれに近い企業とします。**

以上の3つが中小型成長株の条件です。

これらの条件に合う企業を四季報の2021年秋号で探していくと、次のような銘柄が浮かび上がってきました。ここでは、前期を2020年、今期を2021年、来期を2022年として、増収率を計算していきます。

2 テンバガーが狙える「中小型成長株」の銘柄

Ｌｉｂ Ｗｏｒｋ

時価総額▼２１０億円

売上高の推移▼21年6月期が94億円、22年6月期（予想）が１４５億円、23年6月期（予想）が１６０億円。増収率は、前期から今期が54％、今期から来期が10％。

大株主▼（株）ＣＳホールディングスが34・7％で筆頭株主。大株主の2位、3位は、代表取締役社長の瀬口力氏と常務の瀬口悦子氏でそれぞれ10％超。（株）ＣＳホールディングスは、瀬口力氏と親族が株式を保有する資産管理会社（21／9／17時点）

インターネットによる住宅販売の先駆け

Ｌｉｂ Ｗｏｒｋ（１４３１）は、熊本県山鹿市にある注文住宅のメーカーです。特徴はインターネットによる住宅販売。昨今ではネットで家を売るケースが増えていますが、同社はその先駆け的な存在。技術的にＶＲ（バーチャルリアリティ）の普及が追い風になりました。

もともと住宅販売は、モデルハウスを造ってお客さんに見てもらい、受注につなげるという流れでした。まずは、お客さんにモデルハウスに来てもらわねばなりませんから、ある程度人口が多い地域でなければこのビジネスモデルは成立しません。しかし同社はＶＲを活用した内覧会で、モデルルームがなくてもネットで住宅を販売できる仕組みを確立しました。

これまでもＣＧ（コンピュータグラフィックス）はありましたが、ＣＧでは奥行きがわからずバーチャルな内覧はできませんでした。ＶＲの進化によってその課題が解決されました。ＶＲの内覧でネット販売できれば、余計なコストをかけずに日本全国どこでも展開できます。

同社に関して、四季報の情報で注目したいのがコメント欄にある「現在16店の営業拠点は関東、福岡中心に拡大し23年6月期に35店計画」という一文。

成長企業の多くは地方発が多く、まずは地元で成功し、その事業モデルをもって都市部に進出していくのが成功パターン。その代表格は、山口県のファーストリテイリング（ユニクロ）、群馬県のヤマダ電機、茨城県のケーズＨＤＳ、北海道のニトリ、埼玉県のサイゼリヤなどです。地方は物価が安いため、ローコストオペレーションを確立させる必要があります。その事業モデルを確立させたうえで、大消費地である都市部で展開すれば大きく成長できます。

ユニクロやサイゼリヤなどによって、「衣」と「食」では誰もが安くてよいものを手にすることができるようになりましたが、「住」ではよいものを安く提供できる企業はまだないようです。ＬｉｂＷｏｒｋは住宅版のユニクロになる可能性を秘めています。

ホットリンク

時価総額▼87億円

売上高の推移▼20年12月期が43・9億円、21年12月期（予想）が58億円、22年12月期（予想）が75億円。増収率は、前期から今期が32％、今期から来期が29％。

大株主▼代表取締役の内山幸樹氏が筆頭株主で16・6％（21／9／17時点）

SNSマーケティングの流行に乗れるか

ホットリンク（３６８０）は、データ解析によるＳＮＳマーケティングの支援を行っている会社。ビッグデータ販売と中国市場向け販促支援を手がけています。

注目したのは、コメント欄に出てくる「クロスバウンド」という言葉。クロスバウンドとは、簡単にいえば、日本から海外に向けたアウトバウンドと、海外から日本に向けたインバウンドを両方カバーするという意味です。

もともとは外国人向けのインバウンド事業を手がけていましたが、中国市場のレポーティングサービスや中国でのプロモーション支援などを含めて、双方向で事業を伸ばしていこうとしている点が特徴です。実際、売上高も伸びています。営業利益は19年、20年と赤字が連続していますが、21年は黒字転換予想でした。売上高の伸び方を見ると利益もついてくる可能性は十分に期待できます。

もう1つのポイントは、SNSマーケティング。私の野村證券の同期で、現在はとある企業でSNSマーケティングをしている人がいます。彼によれば、いまやSNS上のマーケティングはあらゆる企業が着手し、お金が出やすい状況になっているそうです。マーケットも巨大。その流れで見ても、ホットリンクに追い風が吹きやすい環境といえます。

カラダノート

時価総額▼86・9億円

売上高の推移▼20年7月期が7・3億円、21年7月期（予想）が10億円、22年7月期（予想）が13億円。増収率は、前期から今期が37%、今期から来期が30%。

大株主▼取締役の佐藤竜也氏が筆頭株主で53・7%、2位は取締役の田中祐介氏（21／9／17時点）

「感性銘柄」として売上の伸びに注目

カラダノート（4014）は、妊娠中や育児をしている層に向けたファミリーデータプラットフォーム事業を展開している会社。

ユーザーであるママたちにキャンペーン情報などを提供し、ママたちから生活環境に関する情報などを取得します。この情報を蓄積し、企業に向けて、サービスの提案、データ提供によるマーケティングの効率化支援などを行っています。簡単にいえば、ママと、ママ向けのサービスを提供したい企業の接点となるプラットフォームです。

注目したいのは、売上の伸びと、「家族」をキーワードとした事業である点。白か黒か、1か0か、といった判断基準は欧米では受け入れられやすいのですが、日本ではその中間や、1や0といった数値には明確に表せない価値を重視する傾向があります。そのような価値を事業に結びつけているビジネスは消費者に受けやすいと考え、成長力が期待できる中小型成長株に含めました。

ちなみに、このタイプの会社の株を、私は「感性銘柄」と呼んでいます。デジタル化や数値化が難しい、感覚的、定性的な情報に目を向けた事業を行っている会社の株です。中小型株の枠組みからは外れますが、ソケッツ（3634）、MacbeePlanet（7095）、ユーザーローカル（3984）なども感性に着目した事業を展開しています。

クリーマ

時価総額▼187億円

売上高の推移▼21年2月期が20・6億円、22年2月期（予想）が24・5億円、23年2月期（予想）が31億円。増収率は、前期から今期が19％、今期から来期が27％。

大株主▼社長の丸林耕太郎氏が筆頭株主で29・1％（21／9／17時点）

奥さんが「いい」と言った株はテンバガーになる？

クリーマ（4017）は、ハンドメイド作品を販売するEC市場「Ｃｒｅｅｍａ」を運営する会社。ECでの成約の10％が手数料として売上になる事業です。

この事業は、カラダノートなどと同じ「感性銘柄」の分野ととらえられます。理由は、取り扱う作品をハンドメイドに特化している点。アジア人は感性が豊かで、なかでも日本人は目に見えない価値を感じ取る感性が優れているとされます。「Ｃｒｅｅｍａ」は、その感性を表現したり評価したりする場（インフラ）であると、私は考えています。感性がなければつくれない場なので、外国人投資家には理解されづらい分野かもしれませんが、日本市場では評価されるのではないでしょうか。

投資ではよく「奥さんの言うことを聞け」といわれます。数字を踏まえた合理的な判断を好む場合もある男性と違い、女性は感性が豊かで、消費者の視点で評価されるよい銘柄を見抜く目をもっていることが多いという意味です。ピーター・リンチさんの『株で勝つ』にも、奥さんが「いい」と言った株がテンバガーになったという逸話が載っています。じつは「Ｃｒｅｅｍａ」は、私の妻や妻の女性友だちからの評価が高いのです。それも、成長力期待の中小型株に含めた理由の1つです。

トヨクモ

時価総額▼207億円

売上高の推移▼20年12月期が10・9億円、21年12月期（予想）が15・5億円、22年12月期（予想）が21億円。増収率は、前期から今期が42％、今期から来期が35％。

大株主▼（株）ナノバンクが筆頭株主で48・1％。（株）ナノバンクは、代表取締役社長の山本裕次氏の資産管理会社（21／9／17時点）

ありそうでないタイプのサービスの成長に期待

トヨクモ（4058）は、サイボウズ（4776）のキントーンと連携した業務アプリ構築サービスと、クラウドを活用する法人向けの安否確認サービスを展開している会社です。

じつは社長の山本さんは、私が証券会社に勤務していたときの同期。その後、サイボウズに勤めて、キントーンと連携したアプリの事業をスタートしました。

注目してほしいのは、安否確認のサービスです。これは、災害などがあったときに従業員の安全を確認したり、安否情報を集計して確認したりするサービス。自然災害の多い日本では、昨今、ＢＣＰ（Business Continuity Plan ＝事業継続計画）の観点から、企業での安否確認サービスの導入や活用が進んでいます。ただし高額。そこで、格安にして、誰でも簡単に使えるようなシンプルなモデルをつくったのがこの会社です。

市場を見ると、ありそうでないタイプのサービスであるため、これからさらに成長するのではないかと思っています。

ｉ－ｐｌｕｇ

時価総額▼２６３億円

売上高の推移▼21年３月期が21・５億円、22年３月期（予想）が29・３億円、23年３月期（予想）が41億円。増収率は、前期から今期が36％、今期から来期が40％。

大株主▼取締役の中野智哉氏が筆頭株主で59％、２位は共同創業者の山田正洋氏で６・５％（21／９／17時点）

新卒に特化したダイレクト・リクルーティング会社

ｉ－ｐｌｕｇ（４１７７）は、「ＯｆｆｅｒＢｏｘ」という新卒に特化したダイレクト・

リクルーティングを行っている会社。ダイレクト・リクルーティングとは、従来のように求人サイトや人材紹介会社を通して採用するのではなく、企業が直接働き手にアプローチをする採用手法のことです。

ｉ－ｐｌｕｇは、新卒に特化している事業モデルというありそうでなかった特徴をもっています。私たちの学生時代は大学の先輩などの就職先を訪問したり、就職情報のメディアを使ったりして就職先を探しました。しかし、現在はその方法が多様化しています。

とくに１９９０年代後半～２０００年代生まれの「Z世代」と呼ばれる世代は、新しい感性をもち才能にあふれる世代とされます。２０２１年の東京五輪スケートボードでの日本人選手のメダルラッシュは記憶に新しいところですが、彼らはすべてZ世代でした。いまはそのZ世代が社会人になるタイミングなので、流れをとらえ、先行しつつ、かつ新卒特化という特徴を明確にしている点で、成長力が期待できます。

ユナイトアンドグロウ

時価総額▼60・9億円

売上高の推移▼20年12月期が17・3億円、21年12月期（予想）が21億円、22年12月期（予想）が25億円。増収率は、前期から今期が21％、今期から来期が19％。

大株主▼エス・アセットマネジメント（株）が筆頭株主で27％、2位は社長の須田騎一朗氏。エス・アセットマネジメント（株）は、須田社長の資産管理会社（21／9／17時点）

中堅・中小企業に向けてIT人材とIT知識を提供

ユナイトアンドグロウ（４４８６）は、中堅企業、中小企業に向けてＩＴ人材とＩＴ知識を提供するシェアード・エンジニアリングの会社。シェアード・エンジニアリングとは、ユナイトアンドグロウに所属する社員が、会員企業に出向き、ＩＴ関連の仕事を担当する仕組みです。

この会社を取り上げた背景はＤＸ（デジタルトランスフォーメーション）。ＤＸは、昨今の事業環境の流れを踏まえると避けることができない課題です。一方、中堅企業や中小企業には人材確保が難しいという実情があります。これらの課題を解決するのがシェアード・エンジニアリング。

需要をしっかりとらえている事業で、四季報のコメント欄にも、「都内の中堅・中小の成長企業からの引き合い活発」とあることから、時流を踏まえた成長力が期待できると判定しました。

ブリッジインターナショナル

時価総額▼89・8億円

売上高の推移▼20年12月期が36・5億円、21年12月期（予想）が57億円、22年12月期（予想）が70億円。増収率は、前期から今期が56％、今期から来期が23％。

大株主▼社長の吉田融正氏が33・4％で大株主の1位（21／9／17時点）

電話やメールによるインサイド・セールスを支援

ブリッジインターナショナル（7039）は、法人営業を行っている会社に向けて、電話やメールによるインサイド・セールスを支援する会社。インサイド・セールスとは非対面型営業のことで、従来型の外回り営業（フィールド・セールス）に対して、お客さんを訪問せずに営業します。その方法やノウハウの導入を支援しています。

これはいま、時流に乗っている事業です。コロナ禍で訪問営業を控える会社が増えているため、インサイド・セールスの需要が高まっています。とはいえ、全国的にはまだ普及しているとはいえない状態。そのため、この分野で先行しているブリッジインターナショナルは、追い風に乗って成長が期待できます。

KIYOラーニング

時価総額▼101億円
売上高の推移▼20年12月期が15・2億円、21年12月期（予想）が22・8億円、22年12月期（予想）が32億円。増収率は、前期から今期が50％、今期から来期が40％。
大株主▼社長の綾部貴淑氏が40・5％で筆頭株主（21／9／17時点）

個人向けのオンライン資格講座を展開

KIYOラーニング（7353）は、「スタディング」という個人向けのオンライン資格講座を展開している会社です。

eラーニングの会社は複数ありますが、同社の特徴は、資格取得に絞っていること。そのためのノウハウが確立されていて、合格率が高く、口コミで評判が広がっています。

ポイントはオンラインであること。資格取得のための学校はいくつか大手がありますが、多くは教室で授業を行うタイプです。コロナ禍のなか、リモート環境の普及、巣ごもり需要の増加などが追い風になりました。「資格を取って転職しよう、そのために勉強しよう」という需要もあります。

四季報の情報で注目したいのは、売上の伸びです。20年12月期が15億円で、21年が23億円、22年は32億円。

オンライン型の事業は、サービス提供のための必要最低限のコストを回収できれば、あとは基本的にすべて利益になります。そのため、利益をＣＭなどマーケティングに使って、受講者を増やしていくことが可能。これは、四季報のコメント欄にある「テレビＣＭ投入が奏功」という一文からも読み取れます。同社にはこのサイクルを回していく力があり、１７００億円規模といわれる資格マーケットのなかでまだまだ伸びしろがあるため、その点でも成長が期待できます。

3　実践編　会社四季報で「中小型成長株」の有望企業を探そう

まず時価総額と大株主を確認

中小型成長株は、時価総額、成長の度合いを表す増収率、社長が大株主かどうかを見て判定します。四季報で確認するブロックは、E、J、Dです。

まず、EブロックとDブロックを確認します。この2つは数字をチェックするだけなので簡単です。

Eブロックで時価総額の金額を見て、300億円以下かどうかを確認。

Dブロックでは、大株主のリストを見て3位以内に社長か会長が入っていることを確認します。四季報オンラインでは、さまざまな条件で株をスクリーニング（条件に合うものを振り分けて探すこと）できますが、オーナー企業かどうかは振り分けられません。そのため多少手間がかかりますが、手作業で確認します。

Dブロックの株主欄には、株の保有率が高い順に10位までが並んでいます。その3位までに社長、会長が入っているかどうか確認します。社長など役員の名前はDブロックの下部【役員】の欄に書かれています。

売上高の推移に注目

Ｅブロック、Ｄブロックを確認したら、次はＪブロックです。中小型成長株を探すうえでは、ここがもっとも重要なポイントで、【業績】の情報から成長力を読み取ります。

Ｊブロックには、過去の実績と、今期・来期の予想が書かれています。今期と来期の予想が載っている点が四季報の大きな強みで、これを活用します。

注目するのは、前期、今期、来期の3期、それぞれの売上高と営業利益の6つの数字だけです。成長性は増収率で示されるので売上高を重視します。

先に、中小型成長株は、前期から今期の増収率が20％以上、今期から来期の増収率が15％以上であることを条件としました。

上場企業全体の増収率の平均は四季報の3ページにあります。そのときどきによって若干の変動はありますが約5％です。景気がよいときでも6〜7％、悪ければマイナスになることもありますから、20％、15％という条件は非常に厳しいものです。

中小型株のなかでこの条件に当てはまっている株を探していくことで、成長力のある中小型株を見つけることができるのです。ただし、四季報のJブロックには増収率は書かれていませんので計算機を使って計算します。計算式は次のとおり。

［増収率の計算式］

前期から今期の増収率＝｛（今期売上高÷前期売上高）－１｝×１００

今期から来期の増収率＝｛（来期売上高÷今期売上高）－１｝×１００

ＫＩＹＯラーニングを例にすると、前期（２０２０年12月期）の売上高が15億円、今期（予想）が23億円なので、前期・今期の増収率は50％。また、今期（予想）の売上高が23億円、来期（予想）が32億円なので、今期・来期の増収率は40％。いずれも条件を満たしているため、成長力があると判断できます。

売上高を見る際に１つ注意したいのはＭ＆Ａです。他社を買収すると店舗数や顧客数が増え、売上が急激に増えます。Ｍ＆Ａを行うにはまとまった買収資金が必要となるため、中小型株ではあまり見られないケースですが、Ｊブロックの数値を見たときに売上が大躍進している場合は、念のためにＢブロックでＭ＆Ａ関連の情報を確認しましょう。

成長力の観点から考えると、Ｍ＆Ａも規模拡大の手段の１つです。Ｍ＆Ａ後、売上高だけでなく営業利益も伸びていれば、その株は成長していると評価できます。

売上高の伸び＝純粋な成長

成長力を見るポイントとして、「なぜ売上高が大事なのか」「利益は見なくてよいのか」と思う人もいるかもしれません。

利益についていえば、利益の増減だけでは成長力を見ることはできないのです。損益計算書（ＰＬ）を使って説明しておきましょう。

利益は売上から経費を引いた残りの金額です。ＰＬには「利益」と名がつくものが５つあります。上から順番に次のとおりです。

・売上総利益……売上から原価を引いた利益
（四季報には記載されていません）
・営業利益……売上総利益から販売管理費を

▶ すべての利益の源泉は売上高

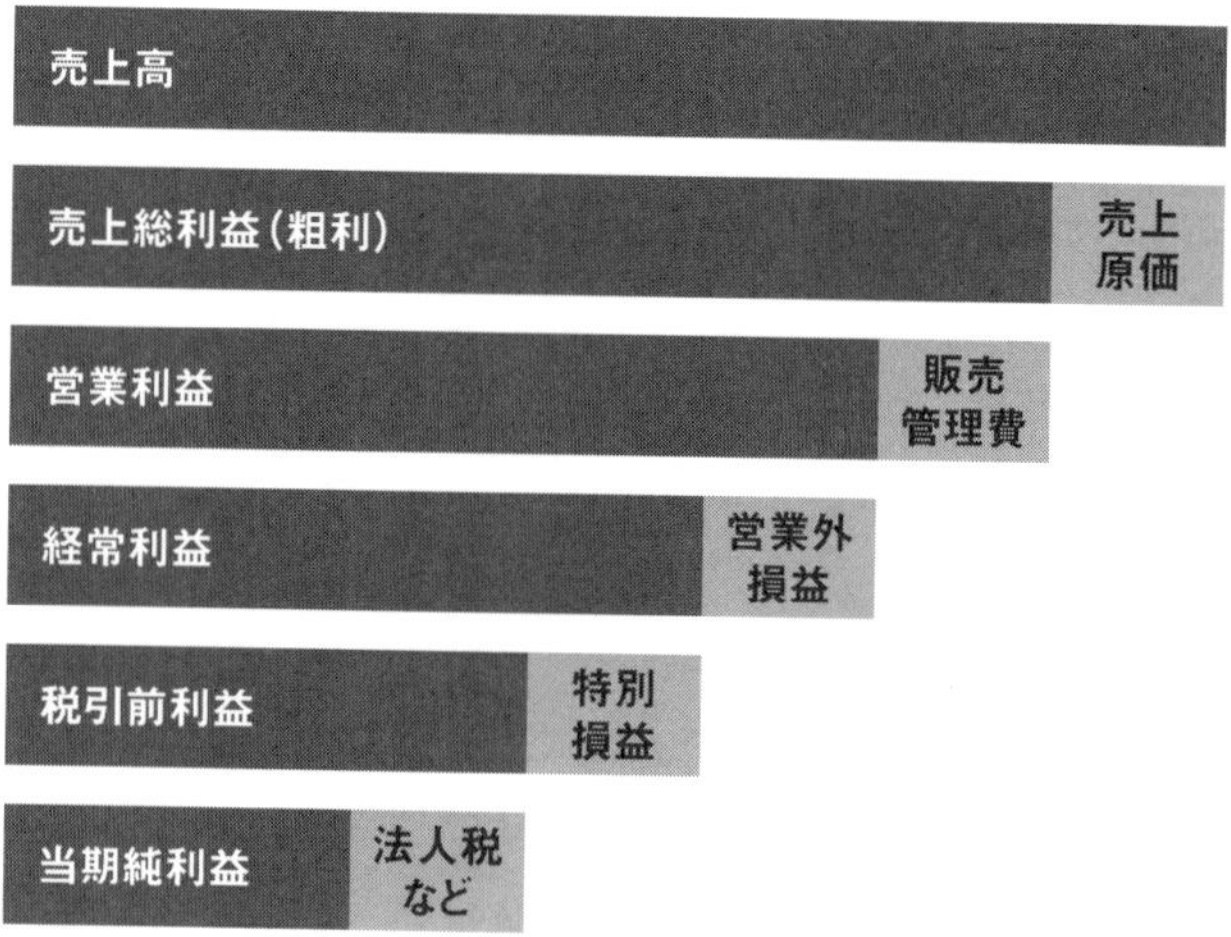

引いた利益

・経常利益……営業利益から営業外損益を引いた利益
・税引前利益……経常利益から特別損益を引いた利益（四季報には記載されていません）
・当期純利益……税引前利益から法人税などを引いた利益（四季報には利益として記載）

利益の増減は、最終的に残った利益（当期純利益）で見ますが、当期純利益は、売上が増えていなくても、たとえ減っていたとしても、増える可能性があります。売上から経費を引いた残りが利益ですから、経費が減れば利益が増えます。そのため、利益の増減だけで事業の成長力を見ることはできないのです。

その点、売上高の増加は事業の絶対的な成長を表します。

売上高が増えるということは、確実に、商品やサービスの販売額が伸びているということです。利益と違って、金額を他の要素で調整することができないので、前期から今期、今期から来期の売上の伸び率を計算することによって企業の成長力が把握できるというわけです。

株価収益率が高くても、伸びる株は伸びる

成長力についてもう少しだけ詳しく説明します。

企業の成長力を測る指標に、PER（Price Earnings Ratio）があります。

PERとは「株価収益率」のことで、四季報ではNブロックの株価指標の欄に書かれています。PERは、株価が1株当たりの当期純利益の何倍まで買われているかを示しています。

一般的には、PERは現在の株価が割安か割高かを判断するために使われます。「10倍以内なら割安」「100倍は高くて買えない」などと判断します。しかしこの考え方は、すべてに当てはまるわけではありません。

なぜなら、中小型株はPERが高い株が多く、投資の本でよくいわれるような「PER10倍以内なら割安」といった基準で考えてしまうと、買える株がなくなり、大化け株を見逃すことになるからです。

わかりやすい例がソニー（6758）です。ソニーは1955年に店頭公開した株で、四季報で確認できるデータでは、最安値は150円。その3年後には株価10倍のテンバガーとなり、米国市場に上場した1961年には100倍株になり、さらにその10年後には

1000倍となりました。

この間のPERはだいたい100倍です。このことからも、「PER100倍は高くて買えない」は、テンバガー候補を探す基準として適切ではないことがわかります。

ちなみに、ソニーの株価はその後も上がり続け、ITバブルの絶頂だった2000年には、最安値から1万8000倍を達成しています。PERで割安株を狙うという考えにとらわれると、超優良企業であるソニーのような株を見逃してしまうことになるのです。

もう少し近年の例では、ヤフー（4689）も高PERの高成長株でした。

ヤフーの店頭公開は70万円で、上場後の初値が200万円。このときのPERは約150倍で、割安株を探す視点からは敬遠したくなる数値です。しかし、ヤフーはその後、株式分割などを経て株価が上がり、公開から3年後の2000年には、分割前の株価で1億6790万円、予想PERで約4300倍まで上がることになったのです。

このことからも、**中小型株をPERだけで判断してはいけない**ことがわかるでしょう。

じつはこれは、私自身の戒めでもあります。というのも、当時の私は「PERが高い株は買えない」という考えに染まっていた時代で、PER100倍超のヤフーを買えず、大相場をみすみす取り逃がしてしまったからです。

「株価」を主語にして考える

ＰＥＲ（株価収益率）の数値が高いほど割高感があり、株価の上昇の余地も小さくなります。それは事実です。繰り返しになりますが、だからといって「割高だからやめよう」「割安だから買える」といった結論にはなりません。

ＰＥＲを重視する人は、「ＰＥＲは低いかどうか」とＰＥＲを主語にして考えます。その結果が、「10倍以内なら割安」「１００倍は買えない」といった判断につながります。この視点で考えると、株価が割安かどうかは判断できます。しかし、「ＰＥＲが低い」という理由で買った株が、なぜ株価が上がるのかという問いには答えられません。ＰＥＲが割安かどうかという話と、株価が上がるかどうかの話は、そもそも別の話だからです。

本章の目的は、テンバガーになるような成長力のある中小型株を見つけることです。ならば、株価を主語にして、「この株の株価は上がるのか」を考えなければなりません。

そのための方法として、私はＰＥＲの計算式を展開することをおすすめしています。以下のように式を変えます。

ＰＥＲ＝株価÷１株当たり利益（ＥＰＳ）

←（変換）

株価＝ＰＥＲ×ＥＰＳ

算数の基本で式をつくり替えただけですが、これによって2つのことが変わっています。

1つは、ＰＥＲが主体だった式が、株価が主体の式になったこと。これにより、株価が上がるかどうかを考えやすくなります。

もう1つの変化はＰＥＲの解釈です。ＰＥＲの位置が変わることで、ＰＥＲの解釈が「比較指標」から「期待値」に変わって見えるようになります。

大化け株を逃さないポイント

実際に、それぞれの式に数字を入れて見比べてみましょう。

次の数字を使います。

▶ PERの計算式を変換する

PER ＝ 株価 ÷ 1株当たり利益（EPS）

↓

株価 ＝ PER × EPS

A社株……株価1000円　EPS50円　PER20倍
B社株……株価1000円　EPS10円　PER100倍
PERを主語とする計算式〈PER＝株価÷EPS〉では、次のようになります。
A社株　PER20倍＝株価1000円÷EPS50円
B社株　PER100倍＝株価1000円÷EPS10円
この場合、ついPERに目が向くので、A社株のほうが割安で買いやすく見えます。
では、株価を主語とする式〈株価＝PER×EPS〉につくり替えるとどうなるか。
A社株　株価1000円＝PER20倍×EPS50円
B社株　株価1000円＝PER100倍×EPS10円
使っている数字は同じです。しかし、こうすると、A社株については「EPSが50円あるけれど、20倍までしか買われていない」、B社株は「EPSが10円だけど100倍まで買われている」と解釈ができます。
すると、「B社株には大きな成長が期待できる何かがあるのではないか」と思えてきます。値上がりを期待して買っている人が20人いるA株と100人いるB株があった場合、おそらく多くの人が、期待が大きいB社株に魅力を感じ、「買いたい」と思うことでしょう。

では、〈株価＝ＰＥＲ×ＥＰＳ〉という式において、株価が上がるには何が必要なのでしょうか。

1つはＥＰＳが上がることです。ＥＰＳの上昇は増益を表すので、業績がよくなることで株価が上がります。

もう1つはＰＥＲが上がること。この場合のＰＥＲは、割安度ではなく市場の期待値を表します。「新製品が出るかもしれない」「経営改革があるかもしれない」「時流に乗っていくかもしれない」といった期待が膨らむことも、株価上昇の要因になるのです。

ＰＥＲが高い企業がよいというわけではありません。低ければよいというわけでもありません。重要なのは、ＰＥＲには割安度を測る指標と期待値という2つの側面があり、どう解釈するかによって売り買いの判断が真逆になるということです。

中小型株を狙う場合は必ず両面で考えましょう。それが大化け株を逃さないための重要なポイントです。

成長率に対する割高感を計算する

ＰＥＲが指標と期待値の２つの意味をもつことがわかりました。重要なのは、この２つの要素を踏まえて、割安感があるかどうかを見ることです。

そこで使うのがＰＥＧ（Price Earnings Growth Ratio）という指標。ＰＥＲを成長性で割って計算しますが、複眼経済塾では営業利益の今期・来期の増益率（営業増益率）の平均値で割って算出します。

［営業増益率の計算式］

今期営業増益率＝｛（今期営業利益÷前期営業利益）－１｝×１００

来期営業増益率＝｛（来期営業利益÷今期営業利益）－１｝×１００

［ＰＥＧの計算式］

ＰＥＧ＝ＰＥＲ÷２期営業増益率平均

たとえば、今期の営業利益率が12％の増益、来期の営業利益率が８％の増益であれば、ＰＥＧの計算では、12％と８％の平均である10％を使います。

仮にＰＥＲが20倍、営業増益率が10％であれば、ＰＥＧは２倍となります。分母を増益率としているので、増益率１％当たりのＰＥＲがどれくらいかを表します。

ＰＥＲ（株価収益率）だけを単純に見ると、割高なのか期待が高いのかがわかりません。しかし、ＰＥＧで計算すれば、すべての企業を「1％の成長に対してＰＥＲがどれくらいか」という基準に揃えることができます。この状態にして、市場の平均値と比べてみれば、割安の度合いが明確になります。つまり、平均を下回っていれば買えると判断できるようになるわけです。

営業増益率の株式市場別の平均は、四季報3ページの「市場別決算業績集計表」を使って計算できます。ＰＥＲは、四季報6～7ページの「業種別業績展望」か、日経新聞や株価のサイトなどで確認できます。

たとえば2022年新春号であれば、東証一部の全銘柄の平均ＰＥＲが15・3倍、東証一部の営業利益の増益率が23・5％なので、ＰＥＧは約0・9倍（21／12／15終値現在）。この数字より低ければ割安と判断でき、買えると判断できるわけです。

これは大型株が多い東証一部の平均ですが、成長力のある中小型株はマザーズに多く、マザーズは東証一部よりもＰＥＲが高いという特徴があります。調べたい企業がマザーズに上場している場合は、マザーズの平均ＰＥＲと営業利益の増益率で計算します。

マザーズのＰＥＲは日本取引所グループのサイトで確認できます。2021年12月末時点の数値を見ると、マザーズの平均ＰＥＲは１１６・５倍です。

ここだけ見ると非常に高く見えますが、それだけで判断せずにＰＥＧを計算します。マザーズの営業利益の増益率は、四季報３ページの表から「新興市場」の数字を使います。たとえば、今期の営業利益の増益率が73・６％、来期が63・４％だとすると、平均は68・５％。平均ＰＥＲの１１６・５倍を増益率の平均68・５％で割ると、約１・７倍となります。

中小型株の成長力を踏まえた割安度の判定としては、平均と同等なら○、平均より低ければ割安なので◎、平均より高ければ×となります。

成長力のある中小型株はＰＥＲが高いものが多く、そこだけを見ると「買えない」と思ってしまいがちですが、ＰＥＧで見ると割安に分類できる株が数多くあります。

たとえば、マザーズ上場のカラダノート（４０１４）は、ＰＥＲ38倍です。ＰＥＲだけでは割高感がありますが、ＰＥＧを計算すると1・5倍。マザーズ平均より低く、○と判定でき、まったく見え方が変わってきます。

このような視点で見ていくことで、「ＰＥＲ10倍なら買い」「高い株は買えない」といった落とし穴を避けることができるのです。

売上高に対する割高度を計算する

成長力を重視して買いかどうかを判断するためには、ＰＳＲ（株価売上高倍率）についても覚えておきましょう。

ＰＳＲは、Price Sales Ratio の略。Price は株価、Sales は売上高で、ＰＳＲは、その時の株価が売上高の何倍まで買われているのかを表します。

ＰＥＲとの違いは、ＰＥＲは1株利益に対して何倍まで買われているかを表すのに対し、ＰＳＲは売上を分母にしている点。本章では、成長力を見るポイントとして利益より売上高を重視しますので、株価水準の割高、割安についても、売上を踏まえたＰＳＲで計算します。ＰＳＲの計算式は次のとおりです。

［ＰＳＲの計算式］

ＰＳＲ＝時価総額÷今期売上高

時価総額はＥブロック（33ページ参照）、今期売上高はＪブロック（34ページ参照）に書かれています。この数字を使って計算するだけでＰＳＲが算出できます。

市場全体では、ＰＳＲの平均は1前後です。これは、時価総額で四季報7ページに書かれているすべての上場会社の売上高の総額を割って算出できます。年によって多少のブレはありますが、だいたい1前後となります。

これを踏まえて、**ＰＳＲが1倍以下であれば、市場平均より割安といえるので◎。1倍から4倍くらいであれば○、4倍から10倍なら△、10倍以上は割高なので×と判定ができます。**

○と△の境目として4倍と設定したのは、私のこれまでの大化け株の分析のなかで、テンバガーになる前の段階で4倍以下だった株が多かったことが理由です。

ＰＳＲはそのときどきの市場や経済の状態によっても変わるので、4倍をちょっとでも超えたらダメというわけではありませんが、数字が大きくなるほど割高度は高くなります。その点を踏まえて、4倍くらいまでなら○、10倍を超えたらさすがに高いと考えてみてください。

A社とB社、どちらの株が買いか？

突然ですが、質問です。

中堅機器メーカーA社と金融機関B社、2つの会社があります。私が就職活動をしていた1989年の四季報の情報（86ページ）を見て、「もし自分が就職するなら」という視点で、どちらがよいか選んでみてください。

まずは、A、C、Gブロックで会社の概要を確認してみましょう。

【設立】を見ると、A社は1974年設立で従業員数438名。1987年に大証二部に上場しています。1989年時点では、上場してまだ2年しか経っていない会社です。日本の証券取引所は東証一部が頂点ですから、大証二部はスポーツでいうなら2軍か3軍のようなイメージでしょうか。売上高は伸びていて、直近の150億円から200億円に拡大しています。

一方のB社は戦前の設立で、1973年上場。東証一部企業で、従業員数8675名、一般企業の売上高に相当する営業収益はいまひとつ伸びていませんが、4000億円から

▶ 就職するならどちらを選ぶ?

A社(中堅制御機器メーカー)

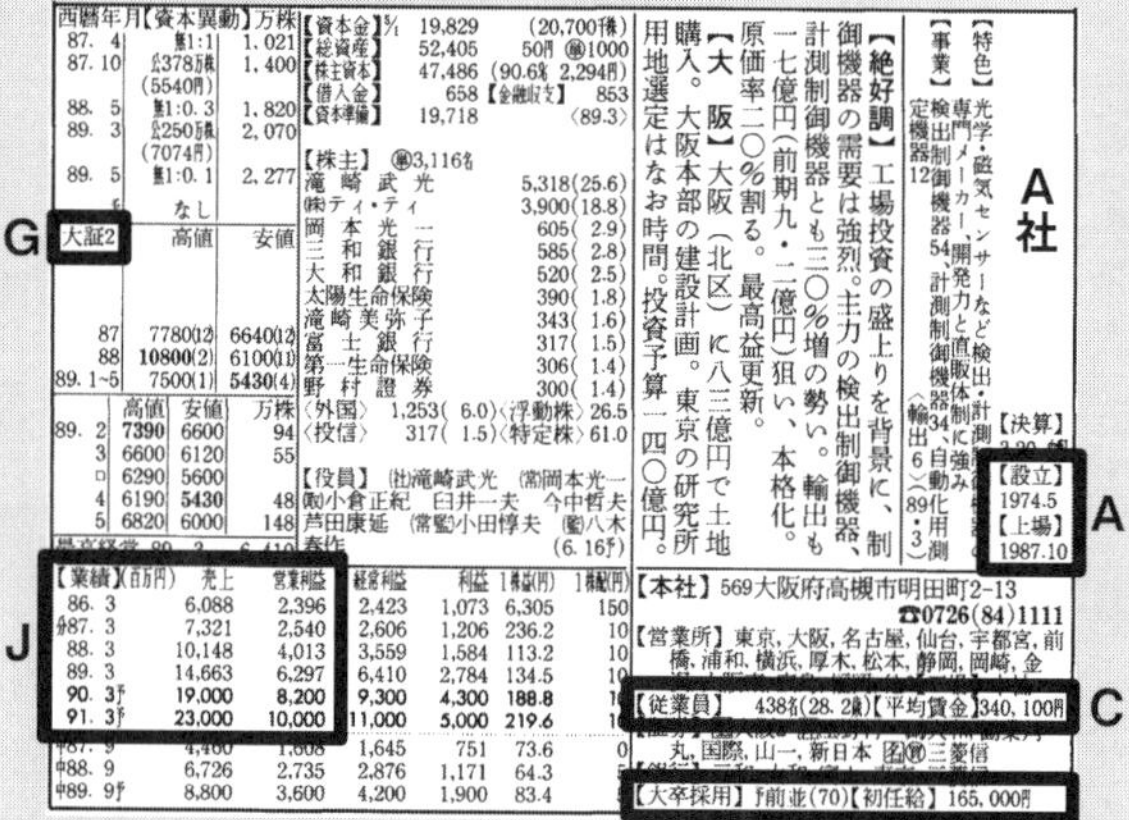

【特色】光学・磁気センサーなど検出・計測専門メーカー。開発力と直販体制に強み
【事業】検出制御機器54、計測制御機器34、自動化用測定機器12〈輸出6〉(89・3)
【絶好調】工場投資の盛上りを背景に、制御機器の需要は強烈。主力の検出制御機器、計測制御機器とも三〇%増の勢い。輸出も一七億円(前期九・二億円)狙い、本格化。原価率二〇%割る。最高益更新。
【大阪】大阪(北区)に八三億円で土地購入。大阪本部の建設計画。東京の研究所用地選定はなお時間。投資予算一四〇億円。
【設立】1974.5 【上場】1987.10

【本社】569大阪府高槻市明田町2-13 ☎0726(84)1111
【営業所】東京,大阪,名古屋,仙台,宇都宮,前橋,浦和,横浜,厚木,松本,静岡,岡崎,金
【従業員】438名(28.2歳)【平均賃金】340,100円

【大卒採用】予前並(70)【初任給】165,000円
【資本金】19,829 【総資産】52,405 【株主資本】47,486 【借入金】658 【資本準備】19,718
【株主】3,116名 滝崎武光 5,318(25.6) ㈱ティ・ティ 3,900(18.8) 岡本光一 605(2.9) 三和銀行 585(2.8) 大和銀行 520(2.5) 太陽生命保険 390(1.8) 滝崎美弥子 343(1.6) 富士銀行 317(1.5) 第一生命保険 306(1.4) 野村證券 300(1.4)
大証2

B社(大手金融機関)

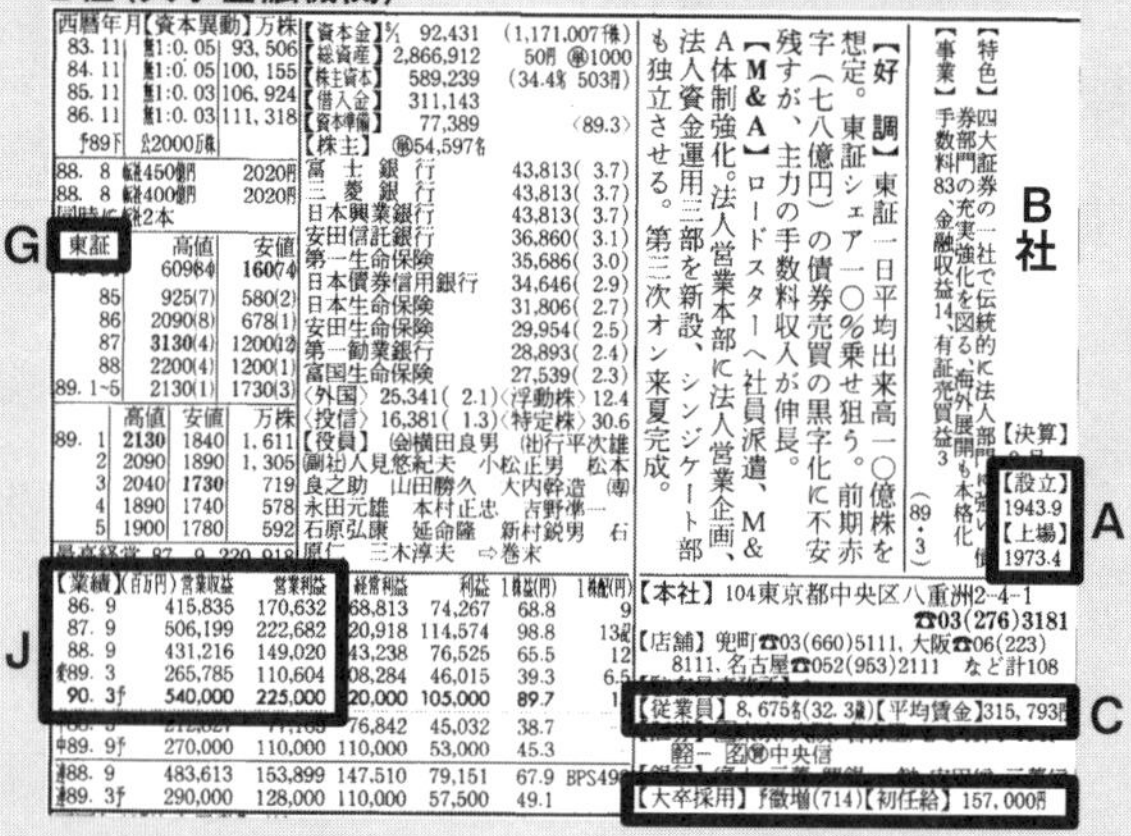

【特色】四大証券の一社で伝統的に法人部門が強い。海外展開も本格化
【事業】券部門の充実強化を図る。手数料83、金融収益14、有証売買益3(89・3)
【好調】東証一日平均出来高一〇億株を想定。東証シェア一〇%乗せ狙う。前期赤字(七八億円)の債券売買の黒字化に不安残すが、主力の手数料収入が伸長。
【M&A】ロードスターへ社員派遣、M&A体制強化。法人営業本部に法人営業企画、法人資金運用三部を新設、シンジケート部も独立させる。第三次オン来夏完成。
【設立】1943.9 【上場】1973.4

【本社】104東京都中央区八重洲2-4-1 ☎03(276)3181
【店舗】兜町☎03(660)5111,大阪☎06(223)8111,名古屋☎052(953)2111 など計108
【従業員】8,675名(32.3歳)【平均賃金】315,793円

【大卒採用】予微増(714)【初任給】157,000円
【資本金】92,431 【総資産】2,866,912 【株主資本】589,239 【借入金】311,143 【資本準備】77,389
【株主】54,597名 富士銀行 43,813(3.7) 三菱銀行 43,813(3.7) 日本興業銀行 43,813(3.7) 安田信託銀行 36,860(3.1) 第一生命保険 35,686(3.0) 日本債券信用銀行 34,646(2.9) 日本生命保険 31,806(2.7) 安田生命保険 29,954(2.5) 第一勧業銀行 28,893(2.4) 富国生命保険 27,539(2.3)
東証

(『会社四季報』1989 年夏号)

5000億円という規模です。

さて、どちらが魅力的でしょうか。

これ、じつは私が登壇する大学の講座の就職セミナーでよく発している質問です。「就職は人生最大の投資」という視点で、有望企業を見る目を養ってほしいと思い、就活生の皆さんに聞いているのです。答えを聞くと、ほとんどの人がB社を選びます。大手、安定、東証一部上場だから信頼度も高いといったことがB社を選ぶ主な理由です。

では、答えを見てみましょう。

B社は山一證券です。かつて日本の4大証券会社の1つとして、就職ランキングでは人気企業の1つとして上位に挙がっていましたが、1997年に廃業しました。一方、質問の答えで不人気だったA社はキーエンスです。いまや日本を代表する超絶優良企業で、2021年の時点では、従業員数（連結）8380名、平均年収は何と1751万円で製造業では断トツです。

これは、大手だから安心とか就職ランキングで上位だからといったイメージで判断して、企業そのものを見ずに間違ってしまう典型的な事例です。つまり就職とは、株式投資と同じで、企業を選ぶということであり、自分の将来の時間やエネルギーを1社にそそぐということでは人生最大の投資ともいえるのです。だからこそ、その企業は何をやっているのか、売上高は伸びているのか、営業利益率は高いのか、またBブロックのコメント欄にどう書かれているかなど、細かい点まで見ることが大事です。

当然、投資でもイメージや表面的な情報だけを見ていると、テンバガー候補を逃してしまいます。成長性重視で買う場合はとくに、「自分はこの会社に勤めたいと思うか」「10年後、20年後の成長は見込めるか」といった視点で見るとよいでしょう。

業績回復株

第2章

会社四季報の達人が教える、「V字回復企業」の見つけ方

1 ― 業績回復に向かい始めた企業を探す

コロナ禍は大化け株が狙えるチャンス

「業績回復株」は、業績が低迷している状態から、何らかのきっかけで業績回復に向かい始めている企業の株。

株価は基本的には業績と連動し、業績が上向けば株価も上向くため、投資対象としては、このタイプの株を買っておけば、業績が回復したときに大きな値上がり益を期待できます。

ここで再び、「元祖テンバガー・ハンター」のピーター・リンチさんの話。

リンチさんによれば、株価が10倍以上になるテンバガー株が生まれやすいのは、前章で紹介した中小型株と、本章で紹介する業績回復株です。

この2つを比べると、狙いやすいのは中小型成長株。企業の業績は一朝一夕に変わるものではなく、昨日まで不調だった企業が、今日から急に儲かるようになるケースは稀だからです。とはいえ、企業の業績は景気全体のサイクルに影響を受けるため、不景気の時期には業績が悪化する企業が増え、業績回復株として狙える選択肢が増えます。景気の影響で減収や赤字になっても、実力のある企業は確実に業績回復していくからです。

その視点から見ると、コロナ禍はチャンス。

コロナ禍によって市場では一時的に株価が大きく値下がりしました。すでにコロナ前の水準まで株価が戻っている株もありますが、コロナ禍のダメージが大きい旅行、飲食、レジャー、百貨店業界などでは株価が低迷したままの株もあります。

コロナ禍はいずれ収まると考えるのであれば、このような株は業績回復株として狙い目。ほかの株と同じように、コロナ禍以前の水準まで株価が戻る可能性が十分に期待できます。なかでも、もともと業績が安定していた企業、ヒット商品やロングセラーをもっている企業、キャッシュが多く借金が少ない企業などは回復する可能性がさらに大きいといえます。

本章では、コロナ禍でダメージを受けたかどうかにかかわらず、業績回復株を探す条件を次の3つにしました。

① 減収増益

② 赤字から黒字転換が見込める

③ 景気敏感株

3つすべてに当てはまる株ではなく、どれかに当てはまる株を狙います。

業績向上の可能性が見える企業

まず1つ目の条件「減収増益」について。

企業の収益のサイクルを押さえておくことが大事です。

企業の収益は、企業の売上と利益の変化によって、増収増益、増収減益、減収減益、減収増益の4つに分けることができ、通常この4つを繰り返します（下図参照）。

増収増益は、売上高が増え、利益も増えている状態。株価は収益に合わせて上昇するとされます。

▶ 企業の収益のサイクル

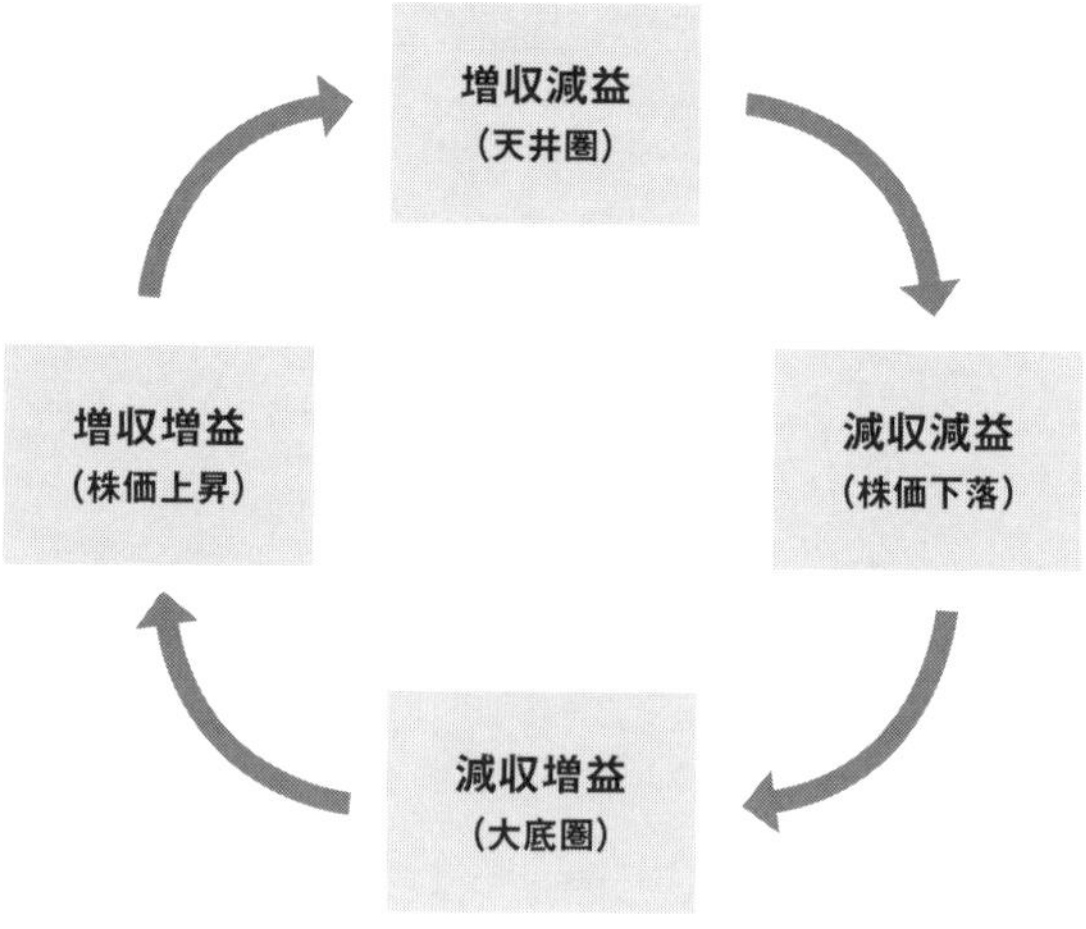

増収減益は、売上高が増加しているが、利益が減少している状態。株価は天井をつくとされます。

減収減益は、売上高も利益も減っている状態。いわゆる業績悪化局面で、株価は下落するとされます。

減収増益は、売上高は減少しているが利益は増加する局面で、株価は大底圏とされます。

このサイクルのポイントは、売上高の変化よりも利益の変化が先行することです。

増収増益から増収減益の流れを例にとると、売上高が増えていくなかで競合が増えたり、価格競争が起こると、売上高を伸ばすために広告宣伝などマーケティングコストを増やすなど、しだいに利益が伸びにくくなります。これが業績が下向き始めるサインです。株価が天井（上値の限界）となって、下落し始めます。

減収減益から減収増益の流れも見てみましょう。

減収減益は、売上高が減り、利益も減っている状態で、減収増益は、売上高は減っていますが、利益は増えている状態です。

売上が減っても、それ以上にコストを抑えれば利益は残りやすくなります。減収減益のときはほとんどの会社がコスト削減に取り組むため、事業運営の無駄が減って、効率的な経営に生まれ変わります。すると、売上が少し戻っただけでも利益が増えやすくなります。

利益が出るようになれば、新しい商品やサービスをつくり出すなどして売上を増やすチャンスも生まれますので、このような変化を通じて、減収減益だった企業は減収増益、増収増益へと向かい、株価もその流れに乗って大きく上昇していくわけです。

業績回復株はこの流れに乗りそうな株で、**買うタイミングとしては減収減益か減収増益で、増収増益に向かいつつある株が候補となります。**

株価が大きく上昇するV字回復

業績回復株の2つ目の条件「赤字からの黒字転換」は、営業利益などが、前期は赤字で今期は黒字、または今期は赤字で来期は黒字が見込めるという意味です。

企業の収益サイクルを見ると、赤字企業は減収減益の状態です。このタイプの企業が黒字化するということは、減収増益のステップに向かうパターンと、減収増益のステップを飛ばして、いきなり増収増益の状態になるパターンが考えられます。

株価が大きく上昇するのは業績の変化率が大きい後者で、いわゆる「V字回復」の状態です。

投資家目線からは、赤字企業の株は安くても買いたいと思いません。株価がどこまで下落するかわからないし、最悪のケースとして倒産や上場廃止のリスクもあるからです。

一方、増収増益の企業の株はさらなる成長性が見込めるので、高くても買いたいと思います。**赤字からの黒字転換、減収減益から増収増益への方向転換によって市場の評価が180度変わり、減収増益の状態にある株よりも大きなリターンが見込めるわけです。**

テンバガーも狙える景気敏感株

3つ目の条件「景気敏感株」は、個々の企業の収益サイクルではなく、市場全体、経済全体のサイクルに関連する話です。たとえば、リーマンショックの前後から景気が悪くなり、アベノミクスによって景気がよくなるといった大きなサイクル。

このような動きに業績が左右されやすい企業の株を景気敏感株といいます。

具体的には、鉄鋼、化学、紙パルプなど素材産業の企業や、設備投資と関連性の高い工作機械メーカーなどがこのタイプに含まれます。

景気と業績が連動する背景として、たとえば、景気がよくなるとモノが売れるので、増産するための設備投資が活発になります。また、鉄鋼や化学産業は巨大な生産設備を保有しているなど固定費が高いため、景気の変動で売上が大きく振れると利益はもっと大きく振れる傾向にあります。

このように業績が大きく振れることで、株価も大きく上下に振れる循環を繰り返すことから、景気敏感株は景気循環株とも呼ばれます。

これを踏まえて現状を見渡してみると、コロナ禍によって景気は一時的に悪化しましたが、その後はすぐにもち直し、回復から上昇に向かう傾向が見られます。コロナ以前の日経平均株価が2万3000円前後、コロナショック下で1万7000円前後まで下落しましたが、そこから1年もしないうちにコロナ前の水準まで回復し、さらに3万円前後まで伸びています。

仮にコロナ禍が、バブル相場、ITバブル、アベノミクス相場のような景気拡大の局面になるとすれば、このサイクルが追い風となって業績が回復に向かう業種や業界があると考えられます。好景気で業績がよくなり、その結果として、減収から増収となったり、赤字から黒字転換したりといった変化が起きることで、株価10倍のテンバガーも十分に狙えるというのが本書の考えです。

さて、ここで挙げた3つの条件いずれかに合う企業を四季報の2021年秋号で探していくと、次のような銘柄が浮かび上がってきました。

2 ―― 大きなリターンが狙える「業績回復株」の銘柄

テセック

減収赤字拡大から増収黒字転換

21年3月期は対前期比で減収赤字拡大、22年3月期（予想）は21年3月期比で増収黒字転換

業績

20年3月期　売上41・5億円　営業利益▲0・9億円
21年3月期　売上34・5億円　営業利益▲4・5億円
22年3月期（予想）　売上77億円　営業利益15億円
23年3月期（予想）　売上80億円　営業利益15・6億円

業種　機械

半年で4バガーを達成した優良株

テセック（6337）は、大手半導体メーカーに向けて、ハンドラ（選別装置）や車載パワーデバイスのテスター（測定装置）などを出荷。半導体用ハンドラ分野では国内で上位、個別半導体用テスターも世界トップクラスという力のある会社です。

直近の業績は、20年3月期は営業利益が▲0・9億円、純利益が▲1・7億円。21年3月期は営業利益が▲4・5億円、純利益が▲2・9億円でしたが、22年3月期（予想）は、営業利益が15億円の黒字化予想。純利益も12・7億円の黒字予想です。その背景にあるのは、半導体投資の活発化。受注が拡大して黒字転換の足がかりになっています。

すでに株価も上昇傾向で、2020年のはじめに700円ほどだった株価は1年半で3500円にまで急騰しました。だいたい4バガー。これが赤字から黒字転換に向かう株の威力です。その後、いったん2000円台まで下がりますが、テセックは、商品分野別のシェアで国内上位や世界トップクラスといった優良株の要素をもっています。

和井田製作所

減収減益から増収増益

21年3月期は対前期比で減収減益、22年3月期（予想）は21年3月期比で増収増益

業績

20年3月期　売上78・6億円　営業利益17億円
21年3月期　売上42・1億円　営業利益2・9億円
22年3月期（予想）　売上67億円　営業利益9・8億円
23年3月期（予想）　売上78億円　営業利益17・5億円

業種　機械

思い切り減収減益からV字回復して増収増益へ

和井田製作所（6158）は、飛騨高山にある工作機械メーカー。切削工具用の機械と金型用の特殊研削盤を扱い、どちらも国内首位です。

21年3月期が対前期比で大きな減収減益。売上は約半分、営業利益に至っては8割減。しかし、22年3月期はV字回復して増収増益の予想。その幅が大きく、営業利益は2・9億円から9・8億円で約3・4倍増。来期予想は17・5億円で、さらに1・8倍をめざしています。

和井田製作所は、中小型株、バリュー株、優良株の要素をもっています。時価総額は

83億円と小さく、自己資本比率は75％と高め。また、国内首位の機械もあり、機関投資家にも高く評価されています。こうした条件を踏まえると、タイプとしては、２０１９年からの2年で株価が10倍以上になったレーザーテック（６９２０）に近いかもしれないと考えています。

セレスポ

減収赤字から増収黒字転換

21年3月期は対前期比で減収赤字、22年3月期（予想）は21年3月期比で増収黒字転換

業績

20年3月期　売上166億円　営業利益12・1億円
21年3月期　売上43・9億円　営業利益▲18億円
22年3月期（予想）　売上120億円　営業利益4億円
23年3月期（予想）　売上110億円　営業利益3・5億円

業種　サービス業

コロナ禍で大打撃を受けたイベント会社

セレスポ（9625）は、スポーツイベントなどの企画や設営を行う会社。コロナ禍によるイベント中止で大きな打撃を受けた業界の1社です。

業績は、コロナ禍の影響で21年3月期に大きく悪化しました。21年3月期は、営業利益で18億円の赤字転落です。ただ、ワクチンの普及とコロナ禍の収束を見据えると、イベントは徐々に再開されていくと思われます。そう考えると、21年3月期の赤字転落は一時的で、再び黒字化が見込めると考えられます。

JUKI

減収赤字から増収黒字転換

20年12月期は対前期比で減収赤字、21年12月期（予想）は20年12月期比で増収黒字転換

業績

19年12月期　売上992億円　営業利益38億円
20年12月期　売上704億円　営業利益▲45億円
21年12月期（予想）　売上1000億円　営業利益53億円

22年12月期（予想）　売上1050億円　営業利益65億円

業種　機械

業績回復が期待される世界一のミシンメーカー

ＪＵＫＩ（６４４０）は、アパレル企業向け工業用ミシンの製造販売会社。この分野では世界1位。家庭用でも3位と、業界で力をもっています。

赤字と黒字のブレが大きく、20年は、売上高が３００億円近く減って７０４億円になった結果、営業利益は45億円の赤字転落となりました。ただ、工業用ミシンで世界トップの座を占めているなど、実績のある会社。とくにアジアで需要が大きく、中国での業績回復などを通じて21年は黒字転換に向かっています。株価は、２０２０年に５００円を割り込みましたが、21年からは上昇傾向で８００円台まで回復しています。実績がある会社で、業績回復も期待できることから、業績回復株の1つに含めました。

ツカダ・グローバルホールディング

減収赤字から増収黒字転換

20年12月期は対前期比で減収赤字、21年12月期（予想）は20年12月期比で増収黒字転換

業績

19年12月期　　売上６１１億円　　営業利益64億円
20年12月期　　売上２７１億円　　営業利益▲１１５億円
21年12月期（予想）　　売上３８０億円　　営業利益▲29億円
22年12月期（予想）　　売上５３０億円　　営業利益40億円

業種　サービス業

コロナ低迷の反動で売上高が伸びやすい

ツカダ・グローバルホールディング（２４１８）は、ホテルや結婚式場を運営する会社。国内だけでなくハワイやバリなどでも事業を展開しています。

これもコロナ禍直撃銘柄で、結婚式需要が大幅に減ったことで、20年は売上高が半減し、営業利益、純利益ともに赤字に転落。21年もコロナ禍が収束しなかったことから業績は低迷。20年よりは売上高が増え、赤字額が縮小していますが、２年連続で赤字継続の予想。つまりコロナ禍収束後需要が戻り業績が回復する可能性が大きいということです。

3 ― 実践編 会社四季報で「業績回復株」の有望企業を探そう

売上高や利益の「状態」に注目

業績回復株は、売上高や利益の金額そのものよりも、売上高や利益の状態に注目します。減収や減益の状態から増収や増益の状態に変わったかどうか、変わりそうな兆しはあるか、そこがポイントです。

これは、四季報ではJブロックで確認できます。前期の業績と、今期や来期の業績予想を確認し、売上や利益の増減を見ます。

ただし、少々手間と時間がかかります。そこで使いたいのが四季報オンラインのスクリーニング機能。一定の条件を入れ、該当する株を検出する機能で、これを使えば売上高や利益が上向きつつある株を簡単に選別できます。

まず前期が赤字だった企業を絞り込みます。そのうえで、今期予想が黒字の企業を絞り込みます。この手順で、業績回復に向かっている企業の一覧を見ることができます（次ページ参照）。

▶「業績回復株」の一覧を検索する手順

❶前期赤字企業を絞り込む(スクリーニング項目を選ぶ)

「本決算」→「PL」→「営業利益（億円)」→「－０」
→「演算子：＜、条件値：０」

❷今期黒字企業を絞り込む(スクリーニング項目を選ぶ)

「業績予想」→「今季予想（TK)」→「今季営業利益（TK）(億円)」
→「演算子：＞、条件値：０」

❸業績回復株を絞り込む(＝❶＋❷)

条件取得→ 327 件→「検索」

❹銘柄一覧が表示される

327件中300件を表示
営業利益-0(億円) (< 0.00) ／今期営業利益(TK)(億円) (> 0.00)
全市場(除くREITなど)／登録銘柄絞込みなし／その他の絞込み条件なし

一括登録

	銘柄コード	銘柄名			市場	株価(円)	当日(%)	営業益-0(億円)	今期営業利益(TK)(億円)
1	9022	東海旅客鉄道		★	東1、名1	15,295.0	-0.32	-1,847.51	370.00
2	7201	日産自動車		★	東1	590.1	+6.17	-1,506.51	1,800.00
3	4324	電通グループ		★	東1	4,160.0	+1.46	-1,406.25	2,433.00
4	7211	三菱自動車		★	東1	338.0	+5.29	-953.21	600.00
5	4185	ＪＳＲ		★	東1	4,390.0	+0.34	-616.33	523.00
6	7731	ニコン		★	東1	1,267.0	+2.17	-562.41	370.00
7	5486	日立金属		★	東1	2,136.0	+0.23	-492.13	180.00
8	7752	リコー		★	東1	1,070.0	-0.09	-454.29	500.00
9	9005	東急		★	東1	1,548.0	+1.30	-316.58	250.00
10	8848	レオパレス２１		★	東1	185.0	+0.54	-291.82	20.00
11	3086	Ｊフロントリテイリ		★	東1、名1	1,060.0	+1.24	-242.65	55.00
12	9007	小田急電鉄		★	東1	2,162.0	+1.21	-241.90	35.00
13	3197	すかいらーくＨＬＤ		★	東1	1,522.0	+0.72	-230.31	210.00
14	3612	ワールド		★	東1	1,215.0	+2.27	-216.37	33.20
15	8016	オンワードＨＬＤ		★	東1	308.0	+3.01	-212.30	10.00
16	3099	三越伊勢丹ＨＬＤ		★	東1、福証	860.0	+1.17	-209.76	30.00
17	9008	京王電鉄		★	東1	5,130.0	+1.18	-208.66	4.00
18	4004	昭和電工		★	東1	2,440.0	+1.03	-194.49	920.00
19	4680	ラウンドワン		★	東1	1,362.0	-0.14	-192.86	6.50
20	9009	京成電鉄		★	東1	3,155.0	+1.44	-180.56	24.00
21	4902	コニカミノルタ		★	東1	530.0	+1.14	-162.66	120.00
22	2501	サッポロＨＬＤ		★	東1、札証	2,224.0	+1.87	-159.38	180.00

(会社四季報オンライン 2022 年 1 月 4 日時点)

コロナ前の水準に戻っていない株

スクリーニングの結果を使って、業績回復株でリターンを得る、わかりやすい例を見てみましょう。

スクリーニングで挙がった株は３２７件でした。そのなかに、東海旅客鉄道（９０２２）があります。ドル箱路線の東海道新幹線をもつＪＲ東海です。

業績面で注目したいのは、コロナ禍の緊急事態宣言で人の移動がなくなって２０２１年度の業績が赤字になったこと。１９８７年の国鉄民営化以来初めて赤字になりました。これは非常に大きな出来事です。30年以上起きなかったことが起きたという点で、コロナ禍のインパクトがどれだけ大きかったかがわかります。

コロナ禍がこれからどうなっていくかはわかりませんが、新幹線がない世界は想像できません。民営化から三十数年の間には、リーマンショックや震災がありましたが、そのような危機があっても一度も赤字を出さなかったＪＲ東海が、このまま赤字会社になるとは考えにくい。こういう株は買えます。

株は安く買って高く売るのが基本。高確率で業績回復が見込めるＪＲ東海の株は、安く買えるいまがチャンスで、業績回復したときに売って利益を出すという戦略が非常に見えやすいのです。実際、業績予想でも、2022年3月期（連結決算）の業績予想では、黒字に転換する見通しを出しています。

ちなみに、コロナ前のJR東海の株価は約2万2000円、2021年末時点の株価は1万5345円です。コロナ禍が収束して旅行者や出張者が戻れば、株価もコロナ以前の水準まで戻り、リターンが得られる可能性が十分にあるといえます。

合理化が業績回復のきっかけになる

スクリーニング機能を使えば、業績回復株の候補がリスト化できますが、もう少し絞り込んでいきましょう。

前期の実績と、各企業や四季報の予想を見ていくことで、業績回復が見込めそうな企業は絞り込めましたが、重要なのはその道筋です。今期と来期の業績はあくまでも四季報予想ですから、それがどれくらい現実味があるのかを把握することが大事です。

企業はどのように業績を回復するのか。減収減益の状態から減収増益や増収増益に変わるためには2つの方法があります。

・合理化（コスト削減や赤字事業の撤退など）

・新市場、新規事業への挑戦。新しい収益源をつくることで売上や利益を増やす

1つ目の合理化は、コスト削減がわかりやすいでしょう。

景気敏感株は不景気になると売上が減りますが、固定費はほぼ一定でかかり続けます。売上高が減少しても固定費はほぼそのままなので、売上が下がれば利益が減ります。売上減少によって損益分岐点を割り込んでしまうと、その分は赤字になります。これが、企業の収益サイクルの減収減益の状態。株価は下落して安くなっています。

ただ、減益や赤字になった企業はコストを抑えようと考えます。利益は「売上－コスト」ですから、コストを削減することで、売上が減っても利益が残りやすい状態に変わります。100億円の売上で10億円の利益という状態が、売上高が同じで20億円の利益が残るようになる、といったケースです。

この視点も大事ですが、さらに重要なのは景気は循環するという点。不景気の次は好景気が来るので、その波に合わせて売上高も回復します。すると売上高の拡大に伴って、20億円の利益が40億円になるといったことが起きます。景気の循環によって、業績面では、赤字から黒字、または、少しの黒字から大きな黒字に変わり、株価もそれに伴って大

きく上昇する可能性が見込めるわけです。

このサイクルを理解しておけば、景気敏感株のなかから業績回復株を見つけるのはそれほど難しくはありません。**景気の影響を受けて業績が悪化していること、そして、そのような状況のなかで合理化に取り組んでいること、この2点が確認できればよいからです。**

業績の変動については、Jブロックの【業績】で確認できます。合理化への取組みは、Bブロックに書かれています。

景気との連動性が薄い企業も、基本的な考え方は同じです。

どんな企業も、売上が減れば合理化に取り組みます。合理化すれば利益が出やすくなる。つまり、景気敏感株以外の株も、前期が赤字や減益で、増収に向けて合理化に取り組んでいることが確認できれば、今期や来期の黒字化や増益が見込めるということです。

新事業で回復するパターンも

企業が業績を回復する2つ目の道筋は、新市場や新規事業への挑戦によって新しい収益源をつくること。これに関する詳細情報はBブロックに書かれています。

たとえば、コロナ禍の影響が色濃く出ていた2020年夏号を見ると、家電卸の電響社

（8144）や長崎ちゃんぽんで有名なリンガーハット（8200）は、コメント1の見出しに【営業赤字】と書かれています。

一方、コメント2を見ると、電響社については「ネット事業者や小売事業者のネット販売に最適化した商材や販売を模索」と書かれています。ここから家電卸の事業とは別分野の事業で、新市場に進出しようとしていることが読み取れます。

リンガーハットについても、来店者数が減ったことで売上が大きく減りましたが、コメント2には【新需要】と見出しがあり、「持ち帰り需要の拡大」「運びやすい商品開発」「スマホ注文」「宅配など複数の販売方法に対応」などと書かれています。これは、事業そのものは維持しつつ、売り方を変えて新たな収益源をつくるパターンです。

このような情報を読むことによって、業績回復の道筋が見えてきます。その内容に現実味や信頼性があるかどうか判断することで、スクリーニングで浮かび上がった株をさらに絞り込むことができます。

会社四季報の見出しから変化を読む

コロナ禍は、旅行、飲食、百貨店業界などの業績悪化の原因になりました。これは、コロナ禍が収束に向かえば、影響を受けた企業の株価が回復しやすくなるということです。

そこでポイントとなるのが、市場全体の動向。これは、四季報の巻頭と巻末にある記事で読み解いていきます。

まずは巻頭記事の「見出しランキングで見る業績トレンド」（下段参照）。コメント欄の見出しにどんな言葉が多く掲載されたかをランクづけしたもので、市場全体の動向を読み解くヒントになります。

たとえば、コロナ禍の影響が大きかった2020年秋号では、「反落」「続落」などの見出しが多かったのですが、その次の号（2021年新春号）では「減益幅縮小」といった回復を予兆するコメントが増えまし

▶「見出しランキング」で業績トレンドを知る

順位	22年1集 新春号		21年4集 秋号		21年3集 夏号		21年2集 春号		21年1集 新春号	
1	上振れ	130	増額	199	反発	202	反発	268	減益幅縮小	252
2	続伸	125	上振れ	173	反落	161	上向く	213	反落	133
3	上向く	119	独自増額	144	上向く	115	復調	141	上振れ	132
4	最高益	118	反発	143	復調	108	浮上	127	反発	107
5	増額	113	反落	118	続伸	105	続伸	114	続落	89
6	反落	96	続伸	93	浮上	95	回復	101	大幅減益	77
7	独自増額	94	上向く	93	黒字化	93	黒字化	99	赤字拡大	77
8	下振れ	90	黒字化	85	横ばい	88	反落	99	増額	76
9	好転	79	復調	77	増額	80	小幅増益	97	一転増益	74
〃	再増額	79	横ばい	70	最高益	70	堅調	91	上向く	67
11	増配	76	減益幅縮小	64	小幅増益	69	連続増益	86	続伸	65
12	反発	75	下振れ	56	連続増益	68	底打ち	65	横ばい	53
13	増益幅縮小	59	堅調	56	上振れ	66	横ばい	61	堅調	53
〃	浮上	59	浮上	53	続落	64	好転	58	減額	53
15	減益幅縮小	55	最高益	51	増配	62	増益続く	57	浮上	52

（『会社四季報』2022年新春号）

た。また、「コロナ」というキーワードも前号と比べて減り、その一方で、「回復」というキーワードが増えました。

これが何を表しているかというと、市場全体がコロナ禍の影響を抜け出しつつあり、業績回復傾向にあるということ。業績回復株は減収増益や黒字転換に向かっている企業を探すことが大事と書きましたが、このタイミングで、すでにその条件に当てはまる株がたくさんあり、業績回復株を狙うチャンスだと四季報が教えてくれているわけです。

ただ、そうはいっても業界によって差があります。そこで参照するのが、四季報6～7ページの「［業種別］業績展望」（114ページ参照）。ここには東証33業種別の収益状況と展望が書かれています。

業界別で見ていく際には、売上高と営業利益それぞれの今期・来期予想が大事です。

コロナ禍によってどれくらいの影響が出るのか予想しづらかった2020年夏号を見ると、石油・石炭製品は、前期（19年）が赤字化、今期（20年）で黒字化と予想されています。鉄鋼は、前期が減益で赤字化のうえ、今期も赤字でしたので連続赤字。来期で黒字化と予想されていました。

これらを見てもわかるように、ひと口にコロナ禍といっても業界によって業績への影響が違い、回復のスピード、見通しなども異なります。どの業界が、どんな順番で、どれくらいの回復を見込んでいるのかを頭に入れておけば、黒字化が見込めそうな企業を絞り込みやすくなります。

企業だけでなく市場全体の動向も見る

四季報の巻頭ページで、日経平均株価の長期データを見てみましょう（次ページ参照）。

これも市場全体の動向を見るための重要な情報です。市場の大きなサイクルを把握するためのヒントになり、景気敏感株を探す手がかりにもなります。

また、日経平均株価の長期データは、コロナ禍が市場のなかでどう位置づけられてい

▶「［業種別］業績展望」で市場動向を見る

［業種別］業績展望＞＞

業種	集計社数	売上高 今期予想合計額（億円）	売上高 前号比増減率（%）	売上高 前期比増減率（%） 前期実績	今期予想	来期予想	営業利益 今期予想合計額（億円）	営業利益 前号比増減率（%）	営業利益 前期比増減率（%） 前期実績	今期予想	来期予想
食料品	113	254,350	(0.3)	▲4.0	1.1	2.7	18,579	(2.7)	▲0.3	12.1	6.6
繊維製品	48	34,365	(▲0.8)	▲12.1	6.9	5.1	**1,891**	**(▲3.0)**	▲50.4	113.2	15.4
パルプ・紙	23	49,820	(0.1)	▲6.0	6.5	3.1	**2,739**	**(▲3.6)**	▲19.6	34.1	3.3
化学	201	393,309	(2.6)	▲4.4	13.5	3.8	39,745	(8.5)	▲15.1	51.3	7.4
医薬品	61	115,174	(2.0)	▲0.6	7.3	0.9	17,951	(5.6)	19.7	17.7	2.5
石油・石炭製品	10	199,887	(4.6)	▲23.0	32.9	▲11.6	9,537	(13.4)	黒字化	83.0	▲39.2
ゴム製品	17	25,999	(▲0.5)	▲11.3	13.6	8.1	**2,157**	**(▲3.3)**	▲13.0	47.7	▲2.4
ガラス・土石製品	52	64,505	(0.9)	▲6.5	7.9	3.9	6,657	(10.5)	▲21.6	85.7	1.6
鉄鋼	38	164,760	(1.7)	▲14.6	33.3	12.0	13,966	(14.3)	黒字化	802.7	▲2.1
非鉄金属	33	121,727	(1.9)	▲3.2	19.0	▲3.0	7,133	(7.0)	17.3	56.0	▲1.8
金属製品	93	76,446	(▲0.6)	▲9.1	5.9	4.5	**4,423**	**(▲2.9)**	▲9.3	27.0	20.6
機械	214	264,807	(1.1)	▲7.8	12.2	4.3	23,404	(3.7)	▲12.1	53.4	13.4
電気機器	230	733,826	(1.0)	▲4.0	10.5	2.7	64,983	(3.0)	21.0	39.1	10.5
輸送用機器	78	621,090	(▲4.0)	▲12.9	12.4	8.5	**29,794**	**(▲5.3)**	▲19.0	89.4	23.8
精密機器	47	55,221	(1.8)	▲7.0	14.0	4.4	7,759	(7.4)	▲13.4	66.5	8.5
その他製品	101	102,446	(0.7)	1.1	4.1	2.5	**11,353**	**(▲1.0)**	31.1	5.3	1.1
製造業	1,359	3,277,738	(0.4)	▲7.9	12.4	3.5	262,077	(3.8)	7.4	50.6	7.5
水産・農林業	12	20,494	(1.8)	▲3.5	▲1.1	1.9	756	(7.7)	3.8	11.4	6.5

（『会社四季報』2022 年新春号）

て、どういう影響を与えているかを考えるヒントになります。

コロナ禍では、多くの企業が一時的に業績を落とすことになりました。

世の中のイメージとしては、緊急事態宣言が発出され、旅行者が激減し、マスク必須になり、ワクチン接種もなかなか進まないといったことがあり、コロナ禍は経済危機の一種ととらえられる傾向があります。実際、「コロナショック」という言葉も一時期はよく耳にしました。ところが、長期の日経平均株価の推移を見てみると、じつはコロナ禍の影響はそれほど大きくありません。

大きな流れとしては、リーマンショックから回復基調にあり、株価が上向きで推移して

▶ 日経平均株価の長期データを見る

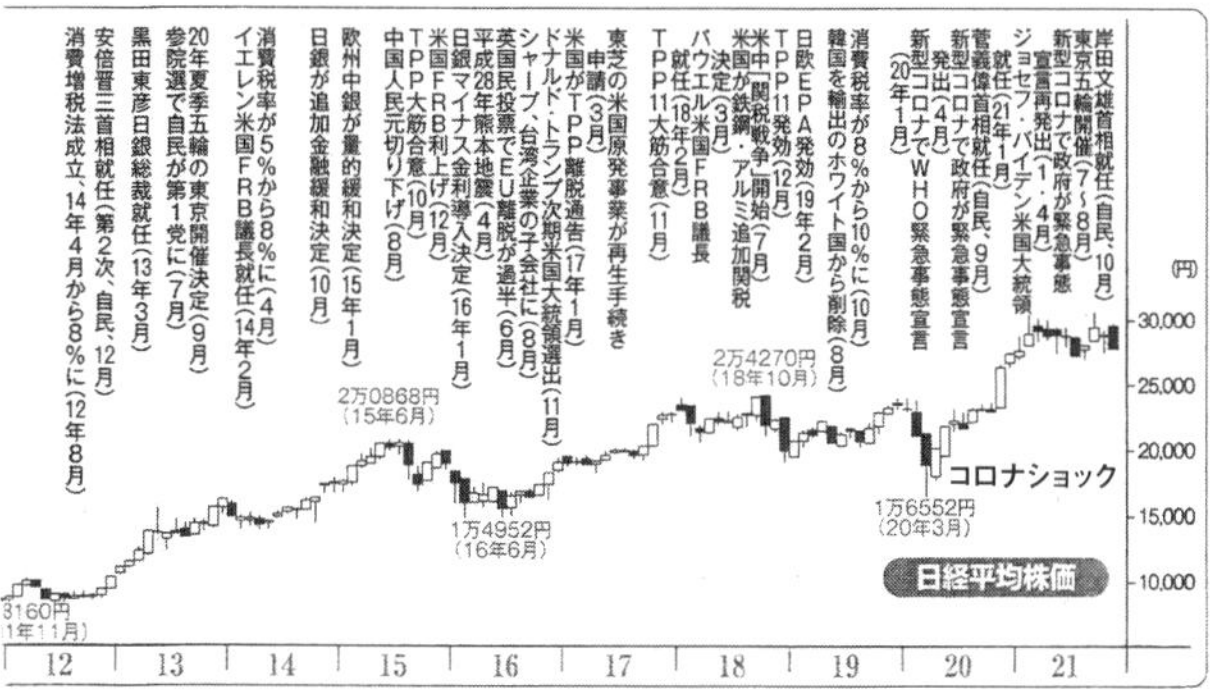

（『会社四季報』2022年新春号を基に、SBクリエイティブ株式会社が一部改変）

いくなかの、ほんの一瞬の押し目（株価が上昇傾向にあるときに、一時的に値下がりする局面。安く買うためのチャンス）なのです。

日経平均株価が、大きな流れとして上向きであることが理解できていれば、コロナ禍で市場が不安定な状況であっても、景気敏感株を買うことができます。むしろコロナ禍によって株価が下がっているので、景気が追い風となる優良企業の株を安く買えるチャンスととらえ、押し目を積極的に狙うことができます。

四季報の活用では、個々の企業の動向に注目する人が多いのですが、木を見るだけでなく森を見ることも重要なのです。

景気敏感株を売買するタイミング

市場の全体像がわかると、市場の動きと連動しやすい景気敏感株を売買するタイミングもつかみやすくなります。

参考になるのが、日本製鉄（５４０１）の値動きです。

コロナ禍の２０２０年3月期、粗鋼生産量で国内首位の日本製鉄は17年ぶりの赤字になりました。業績回復株は「赤字で買ってＰＥＲ10倍台で売る」とも言われますが、それが本当なのかを検証してみましょう。

　１９８０年代まで振り返ってみると、四季報予想で日本製鉄が赤字になったのは１９８６年と２００３年です。１９８６年の赤字のときは、株価が１５５０円まで下がりましたが、そこから株価が上がり始め、１９８９年には９８４０円まで６・３倍上がっています。

　２００３年の赤字のときは、株価が１３３０円まで下がりましたが、やはりそこから回復し、４年後の２００７年に９６４０円まで７・２倍上がりました。

　そして、２０２０年はどうなったかというと、株価は７９８・１円まで下がりました。

二度あることは三度あると考えるのであれ

▶日本製鉄の長期チャート

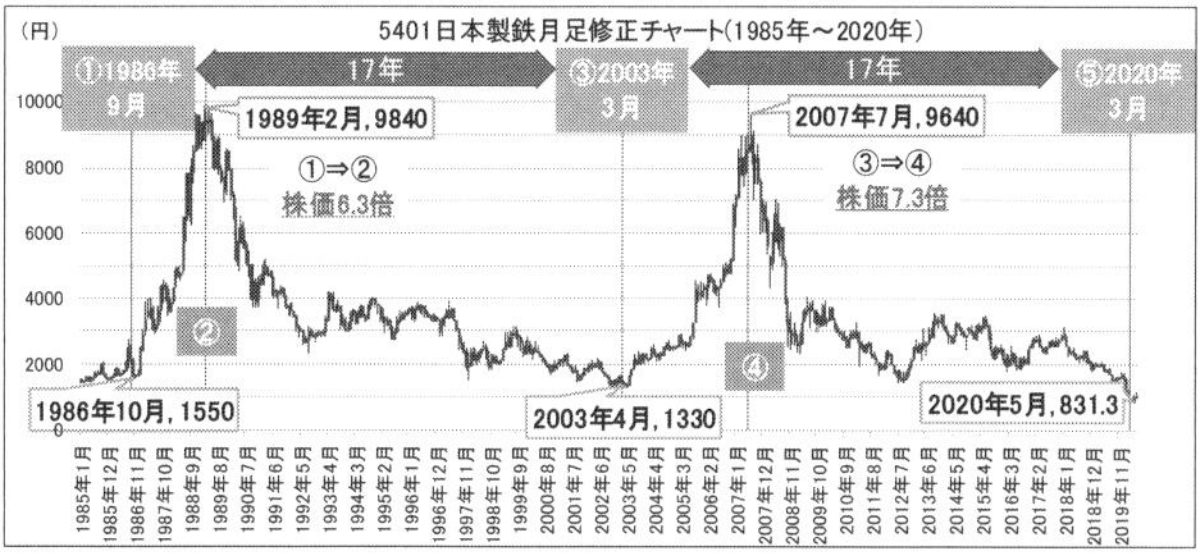

(複眼経済塾)

ば、ここは買いのタイミング。とくに鉄鋼のような景気循環株は、業績も株価も上下を繰り返すのが特徴なので、上がったら下がり、下がったら上がります。ただ、そう判断するためには市場の景気動向を確認する必要があります。こうした景気循環株の株価が上がるためには、景気の上昇が業績回復を後押しする必要があるからです。

日経平均株価の過去のチャートを見てみると、日本製鉄が高値をつけた1989年は、まさにバブル経済の絶頂期でした。このことから、1986年から1989年にかけての大きな値上がりは、景気上昇の追い風をしっかり受けた値上がりだったといえます。

2007年の高値はどうだったのか。日本製鉄は、2003年に赤字になり、そこから2007年にかけて株価が上昇しました。このときの日経平均株価も同じで、2003年に7607円まで下がり、そこから回復して、2007年に1万8138円まで上がっています。このケースでも、景気上昇の追い風が日本製鉄の株価に影響していたと判断できます。

さて、今後の株価です。

仮にコロナ禍が、コロナバブルと呼ばれるような上昇局面だったとすれば、その恩恵を受けて日本製鉄の業績は回復し、株価も大きく上がっていくことが予想されます。

巻頭の長期チャートを見る限りでは、市場は上向きで、コロナ禍は押し目。つまり、日本製鉄は業績回復株として株価が上がっていく可能性が高く、2020年の赤字は買いと判断できます。

「感情」ではなく「事実」に目を向ける

このように、景気の循環を意識したり長期チャートを確認したりすると、業績回復株は見つけやすくなります。コロナ禍のような大きな下落があっても、業績回復を信じて買えるようになります。1つ課題があるとすれば、心理的な側面です。

一般的な心理として、世の中が「コロナだ」「不況だ」と騒いでいると、想像を超える大暴落が起きそうな気がして、なかなか「買う」という気持ちになりません。そこにとらわれると、業績回復株を買うチャンスを逃します。

日経平均株価を例にすると、コロナショックから半年でコロナ以前の水準に戻っていますから、「怖いなあ」「どうしようかなあ」と半年迷っていると、その時点で安く買えるチャンスは消えてしまいます。このような失敗を避けるには、感情ではなくデータや過去の分析を重視して考えること。感覚的な不景気と実際の不景気の間には温度差があります。

たとえば、リーマンショックは金融業界に勤めている人にとっては大ショックでした。業界の人や投資をしている人たちは「大変だ」「暴落だ」などと言っていたのですが、一般の人たちの間ではそれほど恐怖感はありませんでした。

「海外の投資銀行が潰れたらしい」くらいの感覚です。間接的には、そこからデフレが悪化するなどの影響を受けるのですが、給料が減ったり貯蓄が減ったりといった直接的なダメージは小さく、どこか他人事のような感覚でとらえている人が多かったのです。

一方、コロナ禍の恐怖は身近でした。緊急事態宣言で外出が制限されたり、日々、感染者数が増えたりしていく様子をメディアで知るなどして、かつてない規模の大暴落が来るような感覚になりました。これが株価下落の理由の1つ。

また、日本中に不安が広まった結果、政府がさまざまな補助金や助成金を出すことになり、それが市場に流れて株価が上がるという現象につながりました。これが、株価がV字回復し、さらに上昇を続けた理由の1つです。

「株価が下がった」「暴落している」といった目先の事象だけでなく、長期チャートを見て、市場全体は上がっているのか下がっているのかをきちんと確認します。全体の流れを把握することによって感情による判断ミスを避けることができます。

キーワードから「時代の変化」を読む

株式市場には、そのときどきに注目されるテーマで上がったり下がったりする株が現れます。その流れや変化を見るためには、四季報の2ページにある「見出しランキング」を活用します。

これは、四季報のコメント欄の【　】内の見出しをランキングしたもので、毎号このページを定点観測していると、どんな見出しが増えて、どんな見出しが減っているのかがわかるようになります。

見出しとは別にコメント内に登場するキーワードにも注目します。わかりやすいのがコロナ禍です。2020年から21年にかけての変化を見ると、「コロナ」というキーワードは減少傾向。これは、新型コロナ感染拡大の影響による業績悪化から、コロナ禍収束に伴う業績回復といった変化を示唆しています。

この場合、コロナで連想される銘柄をいまから買うのはリスクになります。IT関連、eコマース、ゲーム系、医療やバイオ系などがコロナ禍で上がる株の業種としてすぐに思

▶ 見出しランキングで変化をつかむ

順位	22年1集 新春号		21年4集 秋号		21年3集 夏号		21年2集 春号		21年1集 新春号	
1	上振れ	130	増額	199	反発	202	反発	268	減益幅縮小	252
2	続伸	125	上振れ	173	反落	161	上向く	213	反落	133
3	上向く	119	独自増額	144	上向く	115	復調	141	上振れ	132
4	最高益	118	反発	143	復調	108	浮上	127	反発	107
5	増額	113	反落	118	続伸	105	続伸	114	続落	89
6	反落	96	続伸	93	浮上	95	回復	101	大幅減益	77
7	独自増額	94	上向く	93	黒字化	93	黒字化	99	赤字拡大	77
8	下振れ	90	黒字化	85	横ばい	88	反落	99	増額	76
9	好転	79	復調	77	増額	80	小幅増益	97	一転増益	74
〃	再増額	79	横ばい	70	最高益	70	堅調	91	上向く	67
11	増配	76	減益幅縮小	64	小幅増益	69	連続増益	86	続伸	65
12	反発	75	下振れ	56	連続増益	68	底打ち	65	横ばい	53
13	増益幅縮小	59	堅調	56	上振れ	66	横ばい	61	堅調	53
〃	浮上	59	浮上	53	続落	64	好転	58	減額	53
15	減益幅縮小	55	最高益	51	増配	62	増益続く	57	浮上	52

（『会社四季報』2022 年新春号より）

順位	21年3集 夏号		21年2集 春号		21年1集 新春号		20年4集 秋号		20年3集 夏号	
1	反発	202	反発	268	減益幅縮小	252	反落	145	反落	280
2	反落	162	上向く	213	反落	133	続落	138	続落	270
3	上向く	115	復調	141	上振れ	132	減益幅縮小	134	大幅減益	99
4	復調	108	浮上	127	反発	107	減額	115	後退	86
5	続伸	105	続伸	114	続落	89	下振れ	103	横ばい	67
6	浮上	96	回復	101	赤字拡大	77	減益幅拡大	94	苦戦	66
7	黒字化	93	黒字化	99	大幅減益	77	赤字転落	94	減額	65
8	横ばい	88	反落	99	増額	76	大幅減益	80	横ばい圏	65
9	増額	80	小幅増益	97	一転増益	74	後退	76	赤字転落	63
10	最高益	70	堅調	91	上向く	67	増額	72	連続減益	63
11	小幅増益	69	連続増益	86	続伸	65	反発	68	急落	62
12	連続増益	68	底打ち	65	横ばい	53	横ばい	63	一転減益	60
13	上振れ	66	横ばい	61	堅調	53	上振れ	59	堅調	57
14	続落	63	好転	58	減額	53	赤字拡大	53	営業減益	53
15	増配	62	増益続く	57	浮上	52	独自増額	53	反発	50

（『会社四季報』2021 年夏号より）

い浮かびますが、これらはコロナ禍が収束に向かっていると判断された状況ですでに上がっている可能性が高く、いまからでは高値で買うことになる可能性があります。

ここで確認すべきなのは、コロナ収束の流れに出遅れている株があるかどうかです。

たとえば、SHINPO（5903）。焼肉店などで使う無煙ロースターの専業メーカーで、シェア約7割をもつトップ企業です。

飲食はコロナ禍でダメージを受けました。しかし、無煙ロースターは焼き肉の煙を吸うもので換気が強力。これがコロナの感染防止対策からの連想で注目を浴び、国内外で売れるようになったのです。

日機装（6376）も注目したいところ。化学用精密ポンプをつくっている会社で、この分野では首位。人工腎臓も手がけ、これもトップシェアです。この点では、ニッチ分野のトップ企業として魅力があるのですが、私が注目するのは、深紫外線LEDの技術を活用した空間除菌。深紫外線LEDと光触媒フィルターで細菌やウイルスを除菌する装置です。2022年新春号の四季報のコメント欄には、「除菌装置販売伸び悩み想定以下」とありますが、一方で「空間除菌装置は今期欧米へ展開図る」ともあり、ウィズコロナの時代に成長するかもしれません。

コロナ禍の収束で株価が上がりそうな業種としては、旅行・宿泊系やイベント系なども
すぐに思い浮かびます。ここも少し深読みすることが大事です。

宿泊系では、ホテルや旅館向けに食品などを卸している会社も業績回復する可能性があります。ジーエフシー（7559）がその1つ。宿泊施設向けの食材卸で、業務用高級食材で首位の会社です。

小売では百貨店の業績回復が期待できますが、バッグ販売のサックスバーホールディングス（9990）なども顧客が戻ることによって業績が一気に回復する可能性があります。

コロナ禍のタイミングで上場した企業も見直してみるとよいかもしれません。実力や特徴があるものの、市場環境が悪かったために株価が伸び悩んだ銘柄があるはずです。

たとえば、テクノフレックス（3449）。コロナ禍が深刻化する直前の2019年12月に上場した会社で、ビルの配管用フレキシブル継ぎ手を扱っていて、この分野で首位。こういうニッチな分野で首位の会社は注目されやすいため、コロナの影響で株価が安くなっているとしたら買いどきかもしれません。ここではコロナを例にしましたが、出遅れる株があるという話はどのテーマでも共通しています。キーワードを参考にして変化をつかみ、少しテーマを深掘りする視点で、出遅れ株を探してみましょう。

優良株

第3章

会社四季報の達人が教える、「オンリーワン企業」の見つけ方

1　順調な値上がりが期待できる銘柄を探す

株価の安定的な伸びが期待できる企業

「優良株」は、本書では、他企業に真似できない技術や、市場でトップをとれるくらい強い武器（商品、サービス、事業モデルなど）をもつ株を指します。

このタイプは経営が安定している点が特徴。業績や事業が安定しているため、安心して株を買える点が魅力です。「中小型成長株」や「業績回復株」のような株価の爆発的な値上がりは見込みづらいのですが、順調な値上がりが期待できます。

株は「買いたい」と思う人と「売りたい」と思う人の綱引きのようなもの。買いたいと思う人が多ければ株価は上がり、売りたいと思う人が多ければ下がります。その視点から見ると、特別な商品、サービス、事業モデルなどをもつ優良株は、シェアを奪われるリスクが小さく、安定的に稼げます。経営難に陥る心配も小さいため、投資家目線で「買いたい」と思います。

また、経営と株価が安定しやすい株は、投資家としては長くもちたいと思います。安易に売る人が少ないため、買い手と売り手のバランスの面で値上がりが期待できるわけです。

本書で探す優良株は、収益性の安定に重点を置いて、以下の3つを条件にしました。

①オンリーワン企業

②グローバルニッチトップ

③世界トップ

3つすべてに当てはまる株ではなく、どれかに該当する株を狙います。

競合がいないので安売りする必要がない

1つ目に挙げた「オンリーワン企業」とは、文字どおり唯一の強みを武器にしている企業。**他社に真似できない技術をもっていたり、特異性のある商品やサービスをもっている企業は市場にライバルがいません。これは経営の安定材料です。**

ライバルがいないので市場を独占でき、市場が成長するほど売上が増えます。

また、ライバルがいなければ価格競争も起きません。他社には同じものがつくれないわけですから、安売りしなくても売れます。市場（消費者や企業）が「高いなあ……」と思ったとしても、その商品に需要があり、お客さんにとって不可欠なものであれば、お客さんはその会社から買わざるを得ません。

言い換えると、オンリーワン企業の特性を発揮するためには、事業を展開している市場およびオンリーワンの商品やサービスの需要が安定していること、または成長していることが大事です。その点にも注意しながら優良株を探します。

世界を舞台に稼げる

「グローバルニッチトップ」とは、世界で通用する競争力をもつ企業です。

じつはグローバルニッチの領域でトップ群に入る企業は数多くあります。そこで本書では、経済産業省が選出した「２０２０年版グローバルニッチトップ企業１００選」を参考に、経営の安定性や成長の可能性などを踏まえて、優良株を絞ることにします。

経済産業省が選出した企業は、機械・加工部門が61社、素材・化学部門が24社、電気・電子部門が20社、消費財・その他部門が8社。これらの企業は、１００～１０００億円規模の市場において、大企業は約20％以上のシェア、中堅企業と中小企業は約10％以上のシェアをもっていることを条件に選出されています。選出された企業が提供する商品やサービスの市場は、5～10年の間に2倍以上に伸びると見込まれています。

こうした企業は、その名のとおりグローバルとニッチという2つの特徴をもっています。

グローバルとは、世界を舞台にしているということで、企業の将来的な成長が見込める要素です。

日本は世界3位の経済大国で、国内だけでも大きな売上が見込めますが、世界の市場はその何十倍もの規模です。2019年の世界のGDP（国内総生産）は87兆ドル以上で、日本のシェアはそのうちの5・8％、5兆ドル少々にすぎません。残りの80兆ドル以上のうちの4割は新興国が占めています。

世界の人口は今世紀中に100億人を超えると予想され、新興国が総じて中流化し、生活水準が上がっていきます。この流れを踏まえると、世界の市場は今後も大きくなっていくと思われます。ちなみに、世界のGDPは1990年が20兆ドル、2000年が30兆ドル、2010年が60兆ドルと増え続けています。

グローバルを舞台にしている企業は、この大きな市場に手を伸ばせる位置にいて、世界経済の成長を追い風にできます。その点から見て、国内市場を舞台としている企業と比べて成長の可能性が大きいのが魅力です。

ニッチとは、小さな市場という意味です。

これは1つ目の条件に挙げたオンリーワンに通じるポイント。オンリーワンの商品やサービスで市場を自ら絞り込むことによって、他社と差別化しやすくなり、シェアをとりやすくなります。独自性がある技術を活用したり、コアなファンを囲い込んだりすることによって、競合の参入障壁を高くできます。

トップ企業は利益が安定しやすい

優良株の条件の3つ目は「世界トップ」。

特定の市場において売上やシェアがトップの企業のことです。国内市場のトップ企業も、将来、世界でトップクラスに入る可能性があるため、優良株に含めることにします。

世界トップ企業の強みは、オンリーワン企業やグローバルニッチトップ企業とほとんど同じです。オンリーワンとまではいかないものの、市場で半分くらいのシェアがあれば、オンリーワン企業と同じように、市場が成長したときに大きな売上アップになります。競合よりも市場への影響力が大きいため、価格決定権をもつことも可能です。

このタイプの企業は、四季報のAブロックを読んで見つけ出します。【特色】のなかに「首位」「シェア」などのコメントがある企業から、世界トップ企業を探していきます。

ここに挙げた3つの条件のどれかに当てはまる企業を四季報2021年秋号で探していくと、次のような銘柄が浮かび上がってきました。

2 ── 安定的に稼げる「優良株」の銘柄

ニッポン高度紙工業

専業大手、世界シェア6割

営業利益率（157ページより詳述）

21年3月期　17・3％（売上高159・2億円、営業利益27・6億円）

22年3月期（予想）　21・1％（売上高175億円、営業利益37億円）

EV化の流れで注目を集める

ニッポン高度紙工業（3891）は、電気絶縁用セパレーター（紙）の専業大手。アルミ電解コンデンサー用で世界シェア6割をもつ会社です。絶縁体は電池などに使うもので原料は和紙。高知県の同社では土佐和紙を使って製造しています。

このタイプの株は景気に影響されやすいのですが、蓄電池は頻繁に市場のテーマになりますし、今後の自動車のEV化を考えると、継続的に注目される可能性もあります。四季報のコメント欄にも、自動車向けのリチウムイオン電池セパレーターは、米国や中国で需要が増加していると書かれています。

東京応化工業

世界首位級

営業利益率

20年12月期　13・3%（売上高1175・9億円、営業利益155・9億円）

21年12月期（予想）　14・7%（売上高1360億円、営業利益200億円）

世界首位級のシェアをもつ半導体関連の企業

東京応化工業（4186）は、半導体の製造工程で使われるフォトレジストを提供している会社。この製品で世界首位級のシェアをもっています。テンバガーを達成したレーザーテックと同じ半導体関連の企業で、他社につくれない製品でしっかり業績を伸ばしているところも似ています。

株価は、2000年代は2000円前後を行ったり来たりしていましたが、15年には2

倍の4000円台になり、20年には8000円くらいまで上がりました。

アテクト

世界首位

営業利益率

21年3月期　5・6％（売上高28・6億円、営業利益1・6億円）

22年3月期（予想）　9・7％（売上高31億円、営業利益3億円）

タブレットなどが普及するほど追い風を受ける

アテクト（4241）は、「スペーサーテープ」という半導体の保護資材で世界首位の会社です。

液晶テレビやタブレットなどの薄型ディスプレイ用の半導体はテープに実装されて、リールに巻いて搬送します。このとき、テープが擦れたり、静電気が発生して半導体が破損したりすることがないように、スペーサーテープを半導体のテープと一緒に巻いて保護します。

四季報のコメント欄には「半導体活況と円安で半導体資材スペーサーテープが大幅増」とあります。業績は半導体業界の動向に影響され、海外展開している場合は為替の影響も受けますが、世界トップなので、アテクトの製品がないとものづくりができなくなるという点が強みです。タブレットなど薄型ディスプレイを使う機器が普及するほど、アテクトは追い風を受けます。

フコク

自動車用ゴム製品大手

営業利益率

21年3月期　1・1％（売上高632・1億円、営業利益6・9億円）

22年3月期（予想）　5・1％（売上高730億円、営業利益37・2億円）

EVの時代でも生き残る自動車部品メーカー

フコク（5185）は、車のワイパーやブレーキなど自動車用のゴム製品をつくっている会社。

車の世界は現在、ガソリン車やハイブリッド車から電気自動車（ＥＶ）に向かっています。環境意識が高い欧州の自動車メーカーでは近い将来、すべてをＥＶにすると宣言している会社があり、日本もその流れに乗っていくでしょう。

これは自動車産業としては大きな変化です。ガソリン車をつくるために必要な部品とＥＶをつくるために必要な部品は異なります。日本の自動車産業には、ティア1、ティア2などと呼ばれる部品メーカーがたくさんあり、これらの会社はガソリン車向けのエンジンなどをつくって成長してきたので、世の中がＥＶに向かうことによって部品の需要が大きく減る可能性があります。

では、ガソリン車からＥＶに替わっても、引き続き残る部品は何か。たとえば、ライト、ウィンドウ、シートなど。ワイパーもその1つ。さらに時代が進んで空飛ぶ車が登場すると、タイヤやサスペンションなどは不要になるかもしれませんが、ワイパーは必要。こういった製品をつくっている会社は、１００年に1度ともいわれるような大変革でも生き残り、安定的に稼ぐことができます。投資家としては長くもち続けることができます。

成長性という点でもう1つ注目しておきたいのは、ワイパーメーカーの統廃合。合従《がっしょう》連衡《れんこう》で世界のワイパーメーカーが集約されていったとき、グローバルで生き残るのは数社。生き残るためには、世界でシェアをもつ大手であることが有利で、その点、フコクは北米やアジアなどの海外拠点で生産を増やしています。売上高の海外比率は48%。このような変化がカタリストになり、業績と株価が上がっていく未来が期待できます。

大阪チタニウムテクノロジーズ

世界首位

営業利益率

21年3月期　▲20・1%（売上高170・5億円、営業利益▲34・3億円）

22年3月期（予想）　▲14・2%（売上高240億円、営業利益▲34億円）

同社のチタンがなければ航空機は生産できない

大阪チタニウムテクノロジーズ（5726）は、航空機向けの金属チタンを提供している会社で、この分野で世界首位です。

21年は赤字で、22年と23年の予想も赤字。航空機関連の事業なので、コロナ禍で旅行客が大幅に減り、航空機メーカーの生産も減ったことが業績悪化の主な原因です。その点から見れば、コロナ禍の収束を見据えた業績回復株ともいえますが、注目してほしいのは、金属チタンで世界首位であるということ。

現在、同社のチタンがなければ航空機は生産できないという状況があり、その状況が続く限り、世界で必要とされ続けます。そこにこの会社の強みがあり、株を長くもてる理由もあるのです。

ちなみに、同社は、かつては住友チタニウムという社名（現在の商号となったのは2007年）で、その時代に株価が急騰した過去があります。03年まで300円台だった株価が徐々に上がり、4年後の07年には1万5000円を超えました。これも、唯一無二の商品をもっているからこそ起きること。この商品がなければつくれない、この会社でなければつくれないと評価されることで、ニッチな商品でも評価が急に高くなり、株価も急騰するのです。

島精機製作所

世界首位

営業利益率

21年3月期　▲37・3％（売上高245億円、営業利益▲91・4億円）
22年3月期（予想）　▲6・1％（売上高330億円、営業利益▲20億円）

ハイブランドで求められる技術をもつ

島精機製作所（6222）は、自動化技術を使った電子制御の横編み機をつくっており、この製品では世界首位。

特徴的なのは、手袋製造からスタートしている点。そこで培った技術を使って、1本の糸であらゆるものがつくれるのが強みです。たとえば、洋服は袖の部分と胴の部分を別につくってつなぐため、肩につなぎ目ができますが、1本の糸でつくればつなぎ目はできません。これはファッション業界ではイタリアなどのハイブランドで求められる技術。世界的に評価されている技術で、他の会社では真似ができないため、海外比率も高く77％となっています。

ナブテスコ

世界シェア6割、世界首位級

営業利益率

20年12月期　10・2％（売上高2793・6億円、営業利益285・3億円）

21年12月期（予想）　10・8％（売上高3060億円、営業利益330億円）

産業ロボット用の精密減速機で世界トップ

ナブテスコ（6268）は、産業ロボット用の機械メーカーで、この分野の精密減速機では世界でシェア6割をもっています。精密減速機は、モーターの回転速度を落としてトルク（動力）を取り出す機械。ロボットの性能に関わる基幹部品の1つで、自動車産業用ロボットの関節などに使われています。また、同社は自動ドアも世界首位級。身近なところでは、新幹線の自動ドアの部品をつくっています。

産業用ロボットの世界では、工作機械用の装置において世界首位で、産業用ロボットなどを製造しているファナック（6954）が超優良企業として知られています。ナブテスコは、中小型のファナックと呼ばれることもある超優良企業。海外比率も44％あり、グローバルニッチトップ企業として外国人投資家にも高く評価されています。

レオン自動機

練り技術（独自技術）

営業利益率

21年3月期　6・3％（売上高222・8億円、営業利益14億円）
22年3月期（予想）　8・3％（売上高251億円、営業利益20・8億円）

餡を練る技術をパンを練る技術に応用

レオン自動機（6272）は、まんじゅうや大福に入っている餡の練り技術をもっている会社。

非常にニッチですが、海外比率が57％もあります。海外で餡が受けているわけではありません。四季報の【特色】の欄に「米国製パン事業が育つ」と書いてあるように、餡を練る技術がパンを練る技術に応用されて、欧米での売上が伸びているのです。いうまでもなく欧米人の主食はパン。こういう分野で通用する技術をもっている会社は安定成長し、株価上昇も期待できます。

日本独自の技術を世界に広げていくという点では、鈴茂《すずも》器工（6405）も見ておくとよいかもしれません。鈴茂器工は米飯の加工機をつくっている会社。すしロボットが有名で、どんぶり飯の盛り機やのり巻きロボットもつくっています。国内の回転寿司チェーンやファストフード店で使われているほか、和食が人気の海外で高く評価されています。

SMC

世界首位

営業利益率

21年3月期　27・8％（売上高5521・8億円、営業利益1533・6億円）

22年3月期（予想）　29・7％（売上高6900億円、営業利益2050億円）

産業用ロボットを空圧制御する機器を提供

SMC（6273）は、FA（ファクトリーオートメーション＝工場自動化）に必要なロボットを空圧制御する機器を提供している会社で、この分野では世界首位。シェアは国内6割、海外が3割強。EV関連を含む自動車業界や工作機械業界に向けて製品を提供しています。

強みは、国内シェアを6割もっている点。過半数のシェアは、ほぼオンリーワンに近いといってよいでしょう。海外でのシェアは3割強ですが、海外売上比率が73％と高いのも特徴。IoTやAIを活用したFAは今後も進んでいくと考えられるため、持続的な成長が見込める会社といえます。

ユニオンツール

世界シェア3割超で首位

営業利益率

20年12月期　12・5％（売上高228・2億円、営業利益28・6億円）
21年12月期（予想）　18・0％（売上高267億円、営業利益48億円）

サブスクのように安定的かつ持続的に売上を確保できる

ユニオンツール（6278）は、PCB（プリント配線板）用のドリルで世界シェア3割超をもつ会社です。このドリルは超極細で、直径0・05ミリの細さ（日本人の髪の毛の太さは約0・08ミリ）で、目に見えないくらい小さな穴をPCBに開けることができます。

この技術も素晴らしいのですが、私が注目したいのは事業モデル。このドリル（刃）は消耗品で、摩耗すると新品に交換するため、PCB加工で極細の穴が必要とされる限り、顧客は同社のドリルを購入し続けます。これは「サブスクリプション（サブスク）」のようなもので、ここまで精密なドリルをつくれる会社は少なく、シェアももっているので、必要以上に値下げして売る必要もありません。結果、安定的かつ持続的に売上を確保できるのです。

通常、機械分野の会社は景気のサイクルによって業績がブレますが、消耗品販売で売上が安定する事業モデルをもつユニオンツールはブレにくい会社。安定度が高く、長くもてる株といえます。

技研製作所

油圧式杭圧入引抜機（独自技術）

営業利益率

20年8月期　10・1％（売上高246・4億円、営業利益25億円）

21年8月期（予想）　14・2％（売上高272億円、営業利益38・5億円）

インフラ整備の面でも用途が広い独自技術

技研製作所（6289）は、サイレントパイラー（圧入工法による杭打ち機）を製造している会社。

杭打ちというと、従来は、トントンカンカンと大きな音を立てながら杭を打ち込みましたが、サイレントパイラーは圧力で杭を押し込んでいきます。この方法を考えたのが同社の創業者です。

圧入工法は、ビルやトンネルをつくるときに使う技術ですが、堤防の補強などでも活躍します。日本は海に囲まれており、東日本大震災からもわかるように、津波や洪水は大きな被害をもたらします。防災や減災は国や自治体の重要な事業ですから、この分野でトップランナーの同社は、さらに画期的な技術が生まれるまでは世の中に必要とされ続ける会社といえます。

圧入工法では、杭を垂直方向だけでなく横向きに打つことも可能で、理論的には、絶壁に杭をたくさん打ち、その上にレールを敷いたり道路を通したりして交通網を広げることもできます。土地が少ない都市部では地下の有効活用が重要で、その際にも杭打ちが必要。そのような視点で考えると、同社の技術はインフラ整備の面でも用途が広く、さらなる需要が見込めるのではないかと思います。

椿本チエイン

世界首位

営業利益率

21年3月期　4・6％（売上高1934億円、営業利益89億円）

22年3月期（予想）　7・1％（売上高2250億円、営業利益160億円）

世界首位の強みをどう活かしていくか

社名のチエイン（6371）はチェーンのこと。椿本チエインは、産業用のスチールチェーンと自動車エンジン用チェーンで世界首位の会社です。

自動車の世界はEV化に向かっているので、チェーンの需要がどう変わっていくか注目する必要があります。ただ、現状の自動車産業においては、世界首位が大きな強み。「E

V向けの充電器、インバーター開発にも注力」とあり、既存の技術を活かした新しい事業への進出に取り組む動きもあります。

昭和真空

シェア9割

営業利益率

21年3月期　13・1％（売上高107・2億円、営業利益14・1億円）

22年3月期（予想）　11・0％（売上高120億円、営業利益13・2億円）

水晶デバイスの製造装置でシェア9割

昭和真空（6384）は、水晶デバイスの製造装置をつくっている会社。海外比率75％でシェア9割です。

水晶には、圧力を加えると電荷が発生し、電圧をかけると一定のリズムで振動する性質があります。この原理を活かしてつくられているのが、さまざまな電子機器に使われている水晶デバイス。私たちの生活に欠かせないスマートフォンにも、自動車や医療機器などにも使われています。キュリー夫人の夫で、フランス人科学者ピエール・キュリーと兄のジャックが発見した現象でした。

現代の生活は電子機器なくしては成立しませんから、水晶デバイスの製造は非常に安定した事業といえます。しかも、昭和真空はその分野で9割のシェアがあり、電子機器製造の根幹を支えているともいえます。つまり、現代社会に不可欠な会社で、製品を安売りする必要もなく、安定性と持続性が高い会社なのです。

THK

世界シェア5割超

営業利益率

20年12月期　▲3・9％（売上高2190億円、営業利益▲85億円）

21年12月期（予想）　10・9％（売上高3200億円、営業利益350億円）

海外比率約6割で、中国での事業が伸びている

THK（6481）は、工作機械や半導体の製造装置などに向けた直動案内機器をつく

っている会社。世界シェア5割超です。

直動案内機器とは、機械の直線運動の摩擦を低減させる機械で、半導体の工場などで動いている機械の滑りをよくするものです。直動案内機器の生みの親として知られているのが創業者の寺町博氏。社名の由来は「寺町（T）博（H）株式会社（K）」とされています。

THKは、海外比率61％で、とくに中国での事業が伸びています。機械分野の会社なので業績も株価も景気の動向を受けますが、独自の技術と5割超のシェアがあるため、この分野の株としては長くもつことができ、安定的な成長が見込みやすいといえます。

オプテックスグループ

業界トップ級

営業利益率

20年12月期　6・0％（売上高348・5億円、営業利益21億円）

21年12月期（予想）　10・4％（売上高450億円、営業利益率47億円）

猫や鳩などには反応しない人感センサー

オプテックスグループ（６９１４）は、自動ドアや工場向けの産業用センサーなどをつくっている会社で、この分野では業界トップクラスです。トップクラスの理由はセンサーの質。たとえば、人に反応する人感センサーには、猫や鳩などには反応しない技術が必要。これが世界で評価されて業績が伸びています。

昨今は工場の自動化やＩｏＴ活用が進んでいますが、工場などを無人化すると、誰が監視するかという課題が生まれます。センサーを使う監視は、その課題の解決策になります。ＩｏＴをはじめとする新たな技術活用が進んでいる状況も、オプテックスグループにとっては追い風になるものと考えられます。

レーザーテック

シェア100％

営業利益率

21年6月期　37・1％（売上高702・5億円、営業利益260・7億円）

22年6月期（予想）　33・7％（売上高860億円、営業利益290億円）

優良株のお手本のような値上がりし続ける株

レーザーテック（6920）は、半導体メーカー向けにマスク欠陥検査装置など半導体関連機器を製造している会社です。マスク欠陥検査装置はシェア100％でオンリーワン。海外展開もしているグローバル企業です。

同社の特徴は、つねにオンリーワンを狙った機器づくりをしているところ。毎年1つ、世界初の新製品を開発することをめざしてきた結果、同社でしかつくれない製品群ができ、そのうちの1つがマスク欠陥検査装置です。

この装置の何がすごいかというと、ナノ単位のものを発見できること。ミジンコが2ミリ、大腸菌が1ミクロン（1ミクロンは1／1000ミリ）、インフルエンザのウイルスが100ナノ（1ナノは1／1000ミクロン）、DNAのねじれの部分が2ナノで、マスク欠陥検査装置は、半導体回路の上のナノ単位の傷を発見できるのです。

株価も順調に上がっています。チャートを見ると、2010年前後は株価100円台。17年に1000円台に乗ると、そこから数年で1万円、2万円と上がっていったのです。

投資に「たら、れば」は禁物ですが、仮に2010年頃に100円台で買っていたとしたら、いまごろは2億円です。唯一無二の武器を活かして値上がりし続けていく優良株のお手本のような株です。

ウシオ電機

世界首位

営業利益率

21年3月期　0・6％（売上高1185・6億円、営業利益7・6億円）

22年3月期（予想）　6・0％（売上高1500億円、営業利益90億円）

コロナ禍による赤字から回復の予想

ウシオ電機（6925）は、産業用ランプで世界首位の会社。海外比率が70％と高いのが特徴です。

産業用ランプは、映画のスクリーンを映す光源などに使われます。ランプは消耗品のため、ユニオンツール（6278）と同様、消耗品の買い替え需要で継続的に稼いでいくことができる事業モデルです。

21年はコロナ影響で営業利益が大幅に減り、純利益では赤字転落しましたが、22年は多少、映画館向けの需要が戻ったことで、コロナ禍以前の水準まで戻る予想となっています。

ジャムコ

独占供給、世界大手

営業利益率

21年3月期　▲21・8％（売上高500・6億円、営業利益▲109億円）

22年3月期（予想）　▲9・1％（売上高435億円、営業利益▲39・8億円）

ボーイング社にラバトリーを独占的に供給

ジャムコ（7408）は、ボーイング社にラバトリー（化粧室）を独占的に供給している会社です。航空会社向けのギャレー（厨房設備）でも世界大手です。

航空業界はコロナ禍の影響を受けたため、21年は前期から売上が半分近くまで減り、営業利益も赤字転落。22年は、売上は引き続き低調ですが、赤字額は縮小しています。

ボーイング社向けラバトリーを独占しているので、航空機の生産が従来どおりになれば売上も利益も戻ると期待できます。こういう製品をもっているのが優良株の強いところです。

また、航空業界全体の流れとして航空機の小型化が進んでいるため、ラバトリーやギャレーの需要も増える可能性があります。その点でもコロナ収束後の安定成長が期待できます。四季報では、23年3月期に営業利益、純利益ともに黒字化予想と出ています。

ナカニシ

世界首位級

営業利益率

20年12月期　25・8％（売上高330・6億円、営業利益85・4億円）

21年12月期（予想）　31・2％（売上高417億円、営業利益130億円）

成長する医療業界で世界シェアをもつ会社

ナカニシ（7716）は、歯科製品で世界首位級の会社。欧州、北米に強く海外比率は

74%。

医療業界は、先進国の高齢化などを考えると成長市場といえます。海外は人口も医療機関の数も膨大なので、その点でも世界でシェアをもっている同社は安定的な成長が見込めます。ナカニシは栃木県鹿沼市にある会社で、21年には同市に新工場建設をスタートさせていますが、栃木県には、もう1つ医療業界の有望企業があります。それが、マニー（7730）。手術用の縫合針や眼科用のナイフをつくっている会社です。株の世界では、ナカニシとマニーが栃木県の有望企業2社といわれ、機関投資家が栃木に取材に行く際にはこの2社をセットで回るのがパターンになっています。

もう1つ似た例を紹介すると、石川県の小松工業団地に、小松ウオール工業（7949）という会社があります。住所は工業団地内の1－72。同じ工業団地内には、コマニー（7945）という会社もあります。住所は1－93。

四季報でそれぞれの事業を見ると、小松ウオール工業はオフィスビルなどの間仕切り総合メーカーで国内首位。コマニーは、間仕切りで国内首位級。間仕切りとはいわゆるパーティションのことで、両社は同業です。非常に似た業態で、国内首位と国内首位級の会社が、同じ工業団地の近くに存在して競っているのです。

3 実践編 会社四季報で「優良株」の有望企業を探そう

【特色】のコメントに注目する

優良株は、「他社が真似できない技術や商品などをもっているか」「利益は出ているか」、この2点をチェックしながら探していきます。

まず、他社が真似できない技術や商品などは、四季報のAブロックにある【特色】から読み取ります。

注目する言葉は、「世界首位」「世界トップクラス」「世界首位級」「トップシェア」「トップメーカー」など。とくに「唯一」「シェア9割」といった言葉は、優良株探しでは非常に期待できる言葉です。

また、商品やサービスによっては、国内市場の首位や、業界内でトップの企業が、世界でもトップクラスに入る可能性があります。そのため、「国内首位」「国内最大手」「国内売上高首位」「業界トップクラス」といった言葉にも注目してみましょう。

稼ぐ力はどれくらいあるか

次に、利益については、「稼ぐ力」を確認します。

稼ぐ力とは、売上のうちどれくらいを利益として残せるかを表す力のことで、「営業利益率」で知ることができます。少し詳しく見ていきます。

優良株の企業は、オンリーワンの商品や市場で大きなシェアがとれる商品などをもっているわけですから、価格競争に巻き込まれる可能性が低く、安売りする必要性も低いといえます。この強みをきちんと発揮できていれば、営業利益率は高くなります。

営業利益率は四季報には書かれていないので、四季報のJブロックに書かれている【業績】の情報を使って自分で計算します。

Jブロックには、各期について、左から順に、売上高、営業利益、経常利益と続き、その期の純利益が書かれています。

中小型成長株を見つけるときには売上高を縦に見て成長力を確認しましたが、優良株はJブロックを横に見ていきます。前期、今期、来期それぞれについて、売上高と営業利益を使って、次の式で営業利益率を計算します。計算機を使いましょう。

［営業利益率の計算式］

営業利益率（％）＝（営業利益÷売上高）×１００

四季報２０２１年秋号に基づき実際に計算してみました。

たとえば、先に紹介した防犯用センサーなどセンサー技術でオンリーワン企業のオプテックスグループ（６９１４）は、２０２１年12月期の予想で、売上高４５０億円、営業利益47億円なので、営業利益率は10・４％。

前述の医療用製品で世界トップ企業のナカニシ（７７１６）は、２０２１年12月期の売上高が41・７億円、営業利益が１３０億円なので、営業利益率31・２％です。

10・４％と31・２％、これらの数字はどうとらえればよいのでしょうか。

全体平均、業界平均と比べる

企業の営業利益率を計算したら、その率がどの程度かを見るために、上場企業の平均と業界ごとの平均を計算します。そのための情報は四季報の７ページにあります。

まず、データから上場企業の平均の営業利益率を計算すると、金融、保険を除く全産業の売上高は６５８兆円、営業利益が47兆円なので、営業利益率は７・１％と計算できます。

平均が７・１％ということは、オプテックスグループ（10・４％）は平均の約１・５倍、ナカニシ（約31・2％）は4・4倍も稼いでいることがわかります。

稼ぐ力があり、営業利益が多ければ、経常利益や純利益も残りやすくなります。純利益がしっかり残るということは赤字になりにくいということですから、株価が急落するリスクが小さく、投資家は安心してその株がもてます。

さて、次に調べたい企業の業界平均を見ます。

業界ごとの項目には、集計に使った企業数、売上高の合計、営業利益の合計が書かれています。「業種別業績展望」のページで一番上にある食料品を例にすると、集計社数は114社、食料品業界全体の売上高が25兆3550億円、営業利益が1兆8102億円。

これらの数字から、食料品1社当たりの平均売上高は2224・1億円、1社当たりの平均営業利益は158・8億円で、食料品業界の営業利益率の平均は7・1％と計算できます。

こうして算出した数字を使って、調べたい会社の営業利益率が、全体平均や業界平均より高いかどうかを確認します。

営業利益率が10％以上、または業界平均が10％以上で、その業界平均より高ければ、かなり稼ぐ力があると判定できますので◎。営業利益率が0％以上で市場全体の平均以下

は、いまいちなので△。マイナスの場合は×と判定するとわかりやすいと思います。

健全性と継続性を見る

優良株を探すうえでは、経営の健全性も重要です。これは、Eブロックの【財務】にある自己資本比率で判断します。

継続性については【キャッシュフロー】の項目で確認します。

序章で少し触れたように、キャッシュフロー（ＣＦ）とは企業のお金のやりくりのことで、営業ＣＦ、投資ＣＦ、財務ＣＦがあります。本業でいくら現金を稼いだかを表すのが営業ＣＦ、設備投資などにいくら使ったかを表すのが投資ＣＦ、この差し引きがフリーＣＦ。▲はマイナスの意味です。

お好み焼き屋さんを例にとると、お好み焼きを売ると売上代金が発生するので、その金額は営業ＣＦのプラスとして働きます。一方、お好み焼きをつくるには、小麦粉、キャベツ、卵などが必要です。これらを仕入れるために代金を支払うのでその金額を引きます。健全に経営できている企業は、仕入れ代金よりも売上代金が多くなるはずです。そのため、営業ＣＦは基本的にはプラスであることが大事です。

投資CFは、たとえば、店を開くための土地や設備を買ったりするとお金が出ていくので、投資CFがマイナスになります。一方、購入していた土地や設備を売るとお金が入ってきます。その金額を投資CFに加算します。

投資CFはマイナスでもかまいません。企業が成長していくうえでは設備などへの投資が必要だからです。成長に向けて規模拡大に取り組んでいる小規模の企業では、マイナス金額が大きくなる傾向があります。

ここで1つ確認したいのが、営業CFと投資CFを足したフリーCFです。

通常、投資CFはマイナスなので、実質は営業CFマイナス投資CFになりますが、営業CFよりも投資CFのマイナスが大きいと、稼いだお金以上に投資していることになり、フリーCFもマイナスになります。足りない分は借入や新株発行による増資で賄う必要があるため、健全性の面では評価が下がります（フリーCFは四季報には書かれていないので、自分で計算します）。

営業CFは「企業の生命維持装置」

優良株の条件として、まず営業CFは基本的にはプラスでなければなりません。契約が取れ、帳簿上は売上があがっていても、現金が入金されなければ企業は運営できません。

お好み焼き屋さんの例でいえば、商品が売れているなら大丈夫と思うかもしれませんが、仮に売上代金1000円は後払いで翌月に入金され、原材料の仕入れ代金500円は今月すぐ支払わなければいけないとすると、今月は現金が手元になくなりお金を借りてこなければなりません。

原価500円のお好み焼きを1000円で売っているので、帳簿上は500円の利益に見えますが、現金が手元にないため商売が継続できなくなります。これは黒字倒産の状態。そのため、私は営業CFを「企業の生命維持装置」と呼んでいます。

このように経済活動とお金の動きはズレることがありますが、営業CFは営業活動の収支を表しますから、きちんと稼げている企業は営業CFがプラスになるはずです。

投資CFは、事業拡大のための投資が多くなる場合があるので、マイナスでも問題ありません。ただ、投資CFが営業CFよりも多い場合、営業活動で稼いだお金よりも多くのお金を投資していることになります。先に触れたように、これは健全性の面ではマイナス。足りない資金を借り入れる必要が生じてしまうからです。

これらを踏まえて健全性を判定すると、まず営業CFとフリーCFがどちらもプラスの

場合は非常に健全で◎。営業ＣＦがプラスで、フリーＣＦがマイナスの場合は、追加資金が必要な状態であるため、健全性という点では△。営業ＣＦがマイナスの企業は健全とはいえないため×です。

Ｅブロックの一番下にある財務ＣＦは、資金の調達と返済の差し引き。たとえば、銀行などからお金を借り入れたり、新たな株を発行したりして資金を調達すると、財務ＣＦはプラスに働き、逆に、借金などを返済すると財務ＣＦはマイナスに働きます。その差引きが財務ＣＦですが、借金は返したほうが健全という視点に立つと、財務ＣＦはマイナスのほうがよいといえます。

「ストック型事業」か「フロー型事業」か

優良株は、他社にない技術や商品をもっているため、その強みが市場のニーズをつかんでいれば、継続的に売上をあげて収益も安定します。

市場から評価され、収益を継続的に安定させるという点では、事業モデルも重要なポイントです。そこで押さえておきたいのが「ストック型事業」についてです。

最近、「サブスク」という言葉をよく耳にしますが、このビジネスモデルもストック型事業とされています。このタイプの事業は、定額課金で商品やサービスを期間内ならいくらでも使ってもよいというモデルで、継続的に使ってくれるお客さんを増やすことで、収益が積み上がっていく点が最大の特徴です。

その対極にあるのが「フロー型事業」。これは商品やサービスを単発で売り切るタイプの事業です。

世の中でストック型と呼ばれている事業は、大きく2つの視点で見ることができます。1つは、「事業モデル」としてのストック型。もう1つは、「収益モデル」としてのストック型です。それぞれ少し詳しく見てみましょう。

▶ フロー型事業とストック型事業

	フロー型事業	ストック型事業
事業モデル	大量生産・販売・廃棄 環境への負荷が大きい	サブスクなど継続利用 環境への負荷が小さい
収益モデル	広告や値下げによって 大量生産・大量販売 短期的に売上が大きい	短期の売上でなく 継続利用期間を重視 将来的に売上が安定

時代はストック型を求めている

事業モデルについては、従来は大量につくって大量に売る「売切りのフロー型事業」が中心でしたが、最近は継続利用に重点を置いたストック型事業モデルが増えつつあります。

サブスクがわかりやすい例です。定額課金、継続課金、定期利用などのサブスク型事業モデルも含まれます。業種としては、水道などのインフラ事業、不動産の賃貸、商品の保守やメンテナンス、機械や車のリースなどがストック型事業のタイプです。

ストック型が増えつつある背景には、環境問題やＳＤＧｓの浸透などがあります。

フロー型事業は、つねに新しい商品をつくって市場に投入し続けていくモデルで、その過程では、製造時に資源をたくさん使う、CO_2を排出するといった問題があり、環境に負荷をかけています。また、流行が終わったものや人気がなくなったものは廃棄され、ゴミ問題が発生します。この事業モデルに対して社会全体が否定的になりました。

一方のストック型事業は、寿命が長い商品をつくり、継続的に使ってもらいます。ユーザーは商品を利用するだけですから、商品そのものは企業にストックされます。企業は、ストックしている商品を手直ししたり改善したり、修理しながら新しいユーザーに提供することができます。このような事業モデルにすることで、ゼロから商品をつくるときの資源の使用量を抑えることができ、1つの商品を長く使うことで、ゴミとなる商品の量を減らすこともできます。

持続性やサステナビリティがキーワードとなっている社会では、この点が評価されます。フロー型事業と比べてストック型事業のほうが環境への負荷が小さく、サステナブル（持続可能）であり、そのような事業モデルをもつ企業が社会的に支持されるようになってきたのです。

投資家目線では、ＥＳＧ投資がこの変化を表しています。

ＥＳＧは、環境（Environment）、社会（Social）、ガバナンス（Governance）の頭文字をとった言葉で、ＥＳＧ投資は、この3つの要素を押さえている企業が長期的に成長するという考えに立っています。環境、地域、従業員の健康などに配慮することが企業の寿命を延ばすことにつながると考える人が増え、ＥＳＧに配慮した企業の株が優良と評価されるようになったのです。

時代性という点においても、大量生産、大量消費、大量廃棄する事業が否定されつつあるなかでは、事業モデルがストック型であることや、継続的に収益が得られる仕組みがで

きていることが、優良株の条件として重要になっています。

来期以降の利益の見通しはどうか

収益モデルは、企業の稼ぎ方に関連します。

フロー型の収益モデルは、大量につくって大量に売ることで売上を伸ばします。そのために広告を出したり値下げしたりして、新たなお客さんを増やしていきます。

このモデルは、事業領域を拡大したり、新たな成長をめざしたりするときには有効です。しかし、そのときどきによって売上が変動し、経営が不安定になるという弱点があります。前期はたくさん広告を出し、新規のお客さんが増えたことによって売上目標を達成したけれど、今期はお客さんが獲得できず、売上が大きく減る、といったことが起きます。

一方のストック型の収益モデルもお客さんの獲得をめざしますが、その期の売上だけではなく、継続利用してくれる期間を重視します。

たとえば、１００万円の商品の売り方としては、１００万円一括で販売することができるし、年間10万円で10年間使ってもらう方法もあります。フロー型は前者の考え方、ストック型は後者の考え方を重視してお客さんを獲得します。

この例からわかるように、短期的にはフロー型のほうが売上は大きくなります。ストック型は継続利用が前提なので、来期以降の売上が安定しやすくなります。

フロー型の収益は、売上高が前期10億円、今期1億円といった大きなブレが発生する可能性があり、売上の増減に伴い利益額も変わるため株価も上下します。一方のストック型の収益は、「顧客数×顧客1人当たりの単価×契約期間」で計算できるので、来期以降の売上の見通しが立ちやすくなります。

株価指標だけでは正しい評価ができない

フロー型からストック型に収益モデルが変わると、株価の評価も変わります。

株価の割高・割安を見る指標であるＰＥＲ（株価収益率）やＰＳＲ（株価売上高倍率）は、その期の利益や売上高と株価を比べて評価しています。

たとえば、ＰＥＲは、株価÷1株当たり純利益（ＥＰＳ）で計算します。この株価はいまの株価であり、1株当たり純利益（ＥＰＳ）は今期予想の純利益です。つまり、いまを基準にして計算する指標で、「今期どれくらいの利益が出るか」というフロー型の発想のうえに成り立っています。

これはわかりやすい評価方法ですが、ストック型で収益を伸ばしている企業に対しては、少し見方を変えなければなりません。というのも、ストック型は今期の売上高が将来も続くという考え方に基づくため、将来の売上高の価値を現在価値に割り引いて、すべて足す必要があるからです。

たとえば、年収500万円の人が住宅ローンを借りるとすると、フローの考え方では単年の年収500万円に対して5倍までの2500万円までというような評価になりますが、ストック型の考え方では500万円の年収が今後40年続くので「500万円×40年＝2億円」まで貸してもよいというような考え方になるのです。

このように、考え方を変えただけで借りられる金額が8倍も増えるように、**同じ売上高の金額でもフロー型の評価からストック型の評価に変わるだけで、市場でも高く評価される可能性があるのです。**

安定度は収益モデルで確認する

以上の点から、優良株を探すポイントとしては、ＰＥＲなどの株価指標を単純に見るだけでは、企業の安定度や優良性は見えないということです。フロー型企業とストック型企業の指標を比べてもどちらが有望かわかりませんし、単純に指標のみで比較すると評価を間違えてしまいます。

より正確に安定度を見るのであれば、四季報のAブロックを見て、どんな収益モデルになっているかを確認する必要があります。

たとえば、2021年夏号を見てみると、アセンテック（3565）のコメント欄には、「ストック課金の専用端末」や「保守契約も積み上がり」という表現があります。保守業務は継続性がある業務なのでストック型といえます。「オンラインサポート」も似た業務です。「継続利用」「囲い込み」などもストック型を示唆するキーワードです。

四季報オンラインでは、「ストック型」で検索することも可能です（次ページ参照）。たとえば、HENNGE（4475）には、「解約率低いストック型ビジネス中心」、プレミアアンチエイジング（4934）には「ストック型の定期通信販売や小売店向け卸売り展開」といった記載があります。

事業内容からも、フロー型とストック型をある程度分けることができます。

フロー型は、時代の変化や流行に乗ってブームで伸びる事業です。株の世界では、世の

▶「ストック型企業」を検索する手順

❶トップ画面の検索キーワードに「ストック」と入力

❷【特色】欄や（会社プロフィール）、記事本文などに「ストック」と記載された銘柄の一覧が表示される

「ストック」で検索した結果一覧

社名 (2件)	四季報 (100件以上)	ニュース (100件以上)	適時開示 (100件以上)	大量保有速報 (28件)	ログミーファイナンス (68件)

全269件中91件から120件を表示しています。

コード	銘柄名	検索結果
3963	シンクロ・フード	(大株主)ＢＢＨフォーフィデリティースモールキャップストック
3967	エルテス	(会社プロフィール)ＳＮＳのネット炎上などのリスク検知に特化したビッグデータ解析によるソリューションを提供。検知して通知するだけでなく、対策コンサルも行う点に強み。「初期費用＋月額課金」のストック型ビジネスが軸で、業界トップクラスの企業を中心に実績を積む。２００４年に設立、０７年にソーシャルリスクコンサル事業を開始、１１年からモニタリングサービスも提供。１４年に電通(現社名・電通グループ)と資本業務提携。１６年からリスクインテリジェンスサービスも開始。犯罪検知などの解析サービスにも注力。
3969	エイトレッド	(会社プロフィール)ソフトクリエイトホールディングスの連結子会社。独自開発のワークフローパッケージソフトで中小企業向けの「Ｘ－ｐｏｉｎｔ」、大手・中堅企業向けの「ＡｇｉｌｅＷｏｒｋｓ」を展開。導入社数は２５００社超。パッケージ販売は代理店経由だが、クラウドサービス育成と保守サービスのストック売上増を狙う。０７年に旧ソフトクリエイトが会社分割し当社が設立され同年にＳＣＳＫが資本参加した。１６年１２月に東証マザーズ上場。１９年３月東証一部に市場変更。
3985	テモナ	(会社プロフィール)定期販売に特化したショッピングカート付き通販システム「たまごリピート」とウェブ接客ツール「ヒキアゲール」などＥＣ事業者支援サービスを展開。利用料金は月額制で、売上が継続的に積み上がるストック型ビジネスモデル。２０１６年からはサブスクリプションコマース(消費者が毎月一定額を支払い販売事業者の選定した商品を購入するサービス)向けを展開。２０１９年にはサブスク販売に特化した「サブスクストア」をスタート。ＢｔｏＢビジネス事業者向け「サブスクストアＢ２Ｂ」も展開。
3986	ｂブレイクシステム	【好　転】柱のパッケージは既存客の追加開発の需要が想定超、システム開発企業中心に新規受注も堅調でストック積み上げ。ＳＩは好調のパッケージへ人員シフトあるがフリーランス活用で補う、単価も上昇。人件費、外注費増こなし、営業益上向く。
3991	ウォンテッドリー	(大株主)ＭＬＩストックローン
3997	トレードワークス	【積み上げ】従来のＳａａＳ型証券取引システムに加えクラウドＥＣプラットフォーム投入で、ストック売上比率を伸ばす。地方自治体等視野にＡＲ、ＶＲ関連案件狙う。
4014	カラダノート	【続　伸】家族サポートの保険領域や自社ブランド水の宅配などストック型事業が拡大。ＤＸ推進は地銀など企業向けマーケティング支援増加。データベース構築の開発費などの先行投資を補い営業利益は続伸。
4014	カラダノート	【中　計】ストックモデル強化とＤＸ推進の協業拡大で27年７月期の売上高50億円以上、営業利益15億円以上目指す。東京女子医大と心疾患早期発見プロジェクト開始。
4014	カラダノート	【特色】ライフステージに応じたファミリーデータプラットフォーム事業。現在ストックモデルに注力
4015	アララ	【特色】スーパーなど小売店向けにハウス電子マネーを提供。メール自動配信事業も。ストック売上型

（会社四季報オンライン 2022 年 1 月 4 日時点）

中で注目されるキーワードに関連する「テーマ株」がこのタイプ。コロナ禍で考えると、マスク関連がわかりやすい例で、ほかにも、巣ごもりと関連してリモートワーク、テイクアウト、ゲームなどと関連する株が注目されました。これらはテーマ株として注目されることによって株価が短期間で上がります。ただし、市場が別の新しいテーマに注目するようになると、株価が下落するスピードも速いため、短期間で保有して利益を狙うのに向いています。

ストック型の事業は、流行に左右されず、ブームが起きづらい事業です。市場に突然注目されることはありませんが、急に飽きられるということもありません。ずっとあり、変わらず、捨てられず、価値がぶれないのが特徴です。

わかりやすい例として、ＳＤＧｓ関連や環境関連はストック型に分類できます。ＳＤＧｓがめざす世界の持続的な発展も、カーボンニュートラルやサーキュラーエコノミーといった環境保護も永続して取り組んでいく必要がありますし、一過性のブームで終わってはならないものだからです。

「就職先」としてどうか

最後に、就職先としてどうか、という視点で優良株を見てみます。

本章では、他企業に真似できない技術、商品、サービス、事業モデルなどをもつ株や、サステナブルな事業展開ができるストック事業の要素をもつ株を優良株としました。

これは、投資対象としては、株価と成長性が安定していて、継続性に優れているという魅力につながるわけですが、企業そのものの価値として見ると、安心して長く勤められる企業という見方ができます。つまり、**長く保有できる優良株は、長く勤められる企業として見ることができ、自分が働きたい、転職したいと思う企業や、子ども、きょうだい、親戚にすすめたい企業が優良株である可能性が高いということです。**

昨今は転職が当たり前になり、1つの会社に長く勤める時代ではなくなってきましたが、転職の手間やリスクなどを考えると、有望企業に腰を据えて勤め続けることも魅力的です。

たとえば、前述したキーエンスは営業利益率50%を超える超優良株です。勤め先としてはどうだろうかと見ると、一般的な平均年収が400万円台であるのに対して、キーエンスの平均年収は2000万円近く、四季報掲載企業のなかでもつねにトップグループです。

ほかにも、優良株と評価されている株には、年収が高い企業や福利厚生が充実している企業がたくさんありますし、それらの企業には成長性、安定性もあります。

このような視点で企業を見ていくのも1つの方法です。実際に転職するのは難しかったとしても、株は買えます。株主として関わりをもつことで、企業として成長していく成果を、株のリターンとして受け取ることができます。

それが投資のよいところであり、優良株をもつ魅力です。

流行を支えている企業を探す

現在、日本の株式市場には約3800社の会社が上場しています。そのなかには、事業内容がまったくわからない会社、日々の生活と縁のない会社、社名すら聞いたことのない会社が数多くあるでしょう。

消費者の立場で株を探していくと、生活に関連する商品を扱う会社や、名前を知っている会社に視点が限定されてしまいます。すると、テンバガーになるような成長株や、安心して長期保有できる株を選択肢から外してしまうことになります。選択肢を広げるためには、産業全体を見ることが大事です。

産業の全体像をわかりやすく表したのが、次ページの図です。

消費者の視点で見える会社は、図の右端の部分が中心。B to C（Business to Consumer）と呼ばれる、小売やサービスなど最終消費者を対象とした企業がここに含まれます。

重要なのは、その関連会社を知ること。飲食業を例にすると、同系列のチェーン店が増えていたり、お客さんが並んでいる店を見たりしたとき、消費者視点では「このグループは儲かっているようだ」「このグループの株を買おう」と思います。

しかし、儲かっているのはお店だけではありません。お店が繁盛すれば、食材の卸も儲かります。飲食店には厨房設備や椅子やテーブルなどが必要ですから、什器などを納めている会社も儲かりますし、出店資金を提供した銀行なども儲かります。

これらは、B to B（Business to Business）で、企業向けに商品やサービスを提供している会社です。「事

▶ 産業全体を見る（バリューチェーンのイメージ）

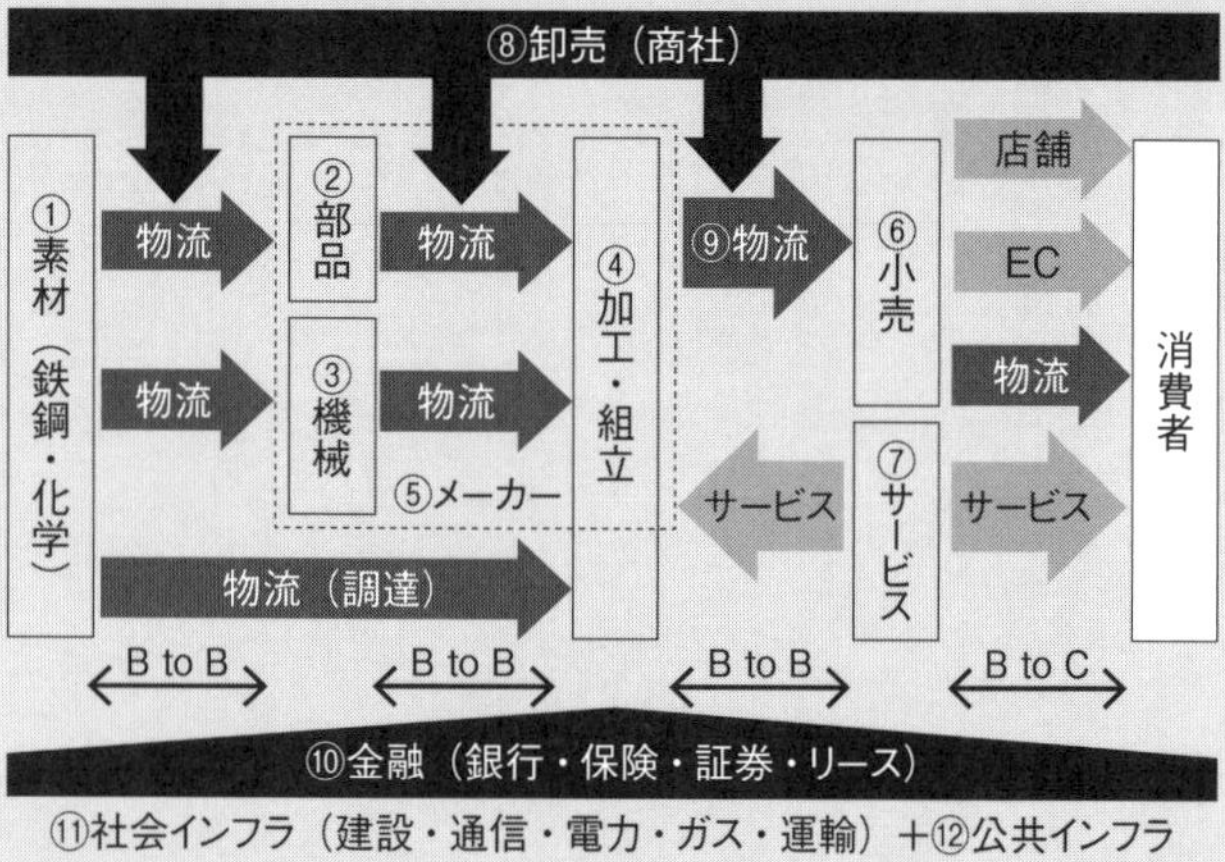

（複眼経済塾）

業内容がわからない」「社名すら聞いたことない」という会社は、だいたいこのタイプで、消費者の目には直接触れませんが、きちんと稼ぎ、しっかり儲けています。「この店は儲かっている」「この商品が売れている」という現象は、モノやサービスの流れの表面的な部分であり一部分なのです。

もちろん、消費者の視点で売れている商品やサービスを見つけることも大事です。どんな商品も、最終的にお金を払うのは消費者ですから、消費者として「ほしい」「買いたい」「使いたい」と感じることが優良株を見つける手がかりになります。そこで、もう一歩踏み込んでみるのです。

商品やサービスの最終提供者だけに注目するのではなく、誰が、どうやって、何を使って、どんなふうにつくっているか、そして誰が運んでくるのかを考えてみることによって、有望企業がさらに見つけやすくなります。

バリュー株

第4章

会社四季報の達人が教える、相場の起爆剤になる会社の見つけ方

1 ─ 資産価値に対して株価が安い企業を探す

値下がりリスクが小さい株

「バリュー株」は、バリューの定義によって見方が変わりますが、本書では、**企業がもつ現金や不動産などの資産の価値に対して、株価が割安な「資産バリュー株」を指します。**

企業の有望性という観点では、このタイプは、手持ちの資産が十分にあるのが特徴。株価が資産に対して割安の状態となっているため、市場の状態が悪化するなどした場合でも、さらに値下がりするリスクは小さいといえます。株価下落で損をする可能性を抑えたい人が比較的安心して買うことができます。

では、どの程度の株価なら資産に対して割安なのか――その考え方はいくつかあります。

割安度の指標とされるＰＢＲ（株価純資産倍率）に注目し、上場企業のなかでＰＢＲが低い銘柄をバリュー株と呼ぶこともありますし、全上場企業のＰＢＲの平均を下回っている企業や、ＰＢＲ１倍未満の企業を割安と判定し、バリュー株と呼ぶこともあります。

バリュー株の反対は「グロース株」。グロースは成長のことで、第1章で紹介した中小型株はグロース株に分類できます。その視点で見ると、バリュー株は、市場においては成長があまり見込めない株と評価されているともいえます。業種で見ると、ガスや水道などのエネルギー系インフラ企業や、金融機関などにバリュー株が多く、これらの企業の業績は、よくいえば安定的、悪くいえば地味です。

本書で探すバリュー株は、株価の割安度合いと十分な資産をもっているかどうかを踏まえて、以下の3つを条件にしました。

①PBR（株価純資産倍率）0・7倍以下

②自己資本比率70％以上

③株価上昇の期待できる「カタリスト」があること

ここでは、3つすべてに当てはまる株を狙いどころとします。

資産に対して株価が安い企業

1つ目の条件はPBR（株価純資産倍率）0・7倍以下。1株当たりの純資産に対して、株価が0・7倍以下の水準にあるという意味です。

純資産は、株主から調達した資本金や、会社が稼いで貯めてきた利益剰余金などいくつかの項目で構成される資産です。この純資産に対して、株価がどれくらいの水準かを表すのがPBRで、PBR1倍以下の株は、純資産よりも株価が割安の水準ということです。

［計算式］

PBR（倍）＝株価÷1株当たり純資産（BPS）

1株当たり純資産（BPS）は、期末の純資産額を期末の株式数で割って、1株当たりに計算したものです。この数字は、「アベジャパン・デラックス」に含まれない例外の数字で、Kブロックの下に「1株純資産」として書かれています。

普通に考えるなら、企業が100億円の純資産をもっている場合、その企業の時価総額は100億円が妥当です。株価は時価総額を発行済株式数で割った数値、BPS（1株当たり純資産）は企業の純資産を発行済株式数で割った数値ですから、企業の保有資産と時価総額が同じであれば、BPSと株価も同じになり、株価を1株当たりの純資産で割算するPBRは1になります。これが基本形です。

PBRが1であれば、理論上、会社が解散したときに純資産を株主で分けると、投資金額と同等の資産が手元に返ってくることになります。しかし、市場で売買されている株は

ＰＢＲ１以上のものがあれば、１倍を下回るものもあります。たとえば、上場企業の平均ＰＢＲは１・２倍（２０２１年末）。これは、企業がもつ資産に対して１・２倍の株価がついているということです。

一方で、１倍を下回っている企業もあり、これがバリュー株です。会社が解散したときには投資金額以上の資産が返ってくることになりますから、資産に対して株価が割安と判断できるわけです。

割安、割高という基準で見ると、ＰＢＲ１倍を下回っている株はすべて割安と判断できます。しかし、その基準だと企業数が多く、ほぼ1倍で割安度が小さい株も含んでしまいます。そこで本書では、ＰＢＲ0・7倍を下

▶Kブロックで「1株純資産」をチェック

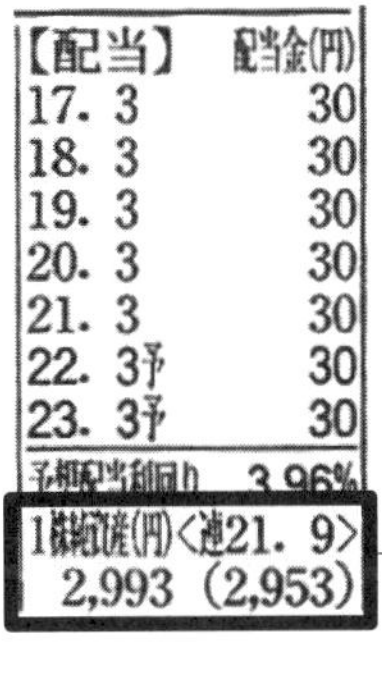

【配当】	配当金(円)
17. 3	30
18. 3	30
19. 3	30
20. 3	30
21. 3	30
22. 3予	30
23. 3予	30
予想配当利回り	3.96%
1株純資産(円)<連21. 9>	
2,993	(2,953)

純資産額を株式数で割って1株当たりに計算したもの

PBR（株価純資産倍率）が1倍を下回っている企業は、資産に対して株価が割安と判断できる

（『会社四季報』2022年新春号）

回る企業に絞って探すこととします。

返済義務のない資産が多いか

バリュー株の２つ目の条件は、自己資本比率が70％以上であること。

自己資本は前述の純資産と同じですが、資本にはほかに銀行などから借りて調達する他人資本である負債があります。

家のローンを考えるとわかりやすいでしょう。家を買う際に用意する頭金は、自分で用意するお金ですから自己資本。足りない分は銀行から借りますから、これは負債。

自己資本比率は、自己資本と負債を合計した総資産のうち、自己資本がどれくらいを占めているかを示す数値です。一般的には、自己資本が多いほど経営状態は健全とされます。経済や市場の状態が悪くなったり、そのせいで業績が悪化したりしても、借入金の返済が滞るリスクが小さいからです。

「カタリスト」が期待できるか

３つ目の条件はカタリスト（株価上昇のきっかけ）があるかどうか。これがもっとも難しく、もっとも大事な要素です。

バリュー株は、成長株と比べて割安でリスクが低めです。しかし、「それなら買えるか？」「何も考えずに買っていいか？」というと、そこまで単純ではありません。

株のリターンは、安く買って高く売ることによって生まれます。そのため、いくら株価が割安でも、株価が上がる要素がない株はずっと安いまま。こうした株は「万年割安株」といって、リターンは得られません。

ここで必要になるのが株価上昇のきっかけ。株の世界では「カタリスト」と呼びます。

カタリストとは、好業績によってBPSが拡大するか、PBRが切り上がる何かの期待があるかのいずれかです。期待値ということで、モノの価格が上昇するインフレ、経営陣交代による経営改善、M&A、他企業との提携などもカタリストになりますし、事業内容によっては、政権交代や規制緩和による事業への追い風がカタリストになり得ます。環境関連の規制緩和があり、その分野で事業をしているバリュー株の株価が業績良化の期待によって上がるといったケースです。

このようなカタリストが期待できない株は、万年バリュー株になる可能性が大きく、10年も20年も株価が上がらないかもしれません。割安度合いだけを見て、そのような株を買ってしまうことを「バリュートラップ」と呼びます。このトラップ（罠）にハマると、投資したお金がまったく増えず、他の有望企業の株でお金を増やせたかもしれないチャンスを失うことになります。

ここでは、指標などから割安度を判定するだけでなく、事業内容、世の中の動き、時代の変化などにも目を向けながら、カタリストが期待できる銘柄を絞り込んでいきます。

ここに挙げた3つの条件のすべてが当てはまる企業を四季報2022年新春号で探していくと、次のような銘柄が浮かび上がってきました。

2 ── 株価が割安な「バリュー株」の銘柄

丸八ホールディングス

PBR ▼ 0・25倍
自己資本比率 ▼ 75・8％（21／12／15時点）
カタリスト ▼ アクティビストによる評価見直しやスリープテック

「スリープテック」への取組みに注目

丸八ホールディングス（３５０４）は布団の会社。個人向けもありますが、ホテルや旅館など業務用に強いという特徴があります。

ＰＢＲは低く、自己資本比率を見ると健全経営といえます。また、キャッシュリッチです。四季報で財務を確認すると、現金や現金等価物は２４９億円。借金である有利子負債が90億円なので、差引き１５９億円の現金が残る計算になります。

会社そのものの価値はいくらかというと、時価総額１２５億円。つまり、理屈上、

159億円の現金をもつ会社を、125億円で買い上げることができるというわけです。

国内のバリュー株のなかには、株価が低迷し、時価総額が低いものも多く、丸八ホールディングスのような株は結構あります。

問題はカタリスト。安いというだけでは株価は上がりません。機関投資家がこの株価は安すぎると評価したり、アクティビスト（もの言う株主）が「この会社は割安だから買おう」と動き出したりすると、株価が是正されて上がっていく可能性があります。

バリュー株は、事業の中身よりも資産や期待値に注目しますが、丸八ホールディングスの場合、事業面で「スリープテック」というキーワードで新しい取組みを始めている点に期待したいところです。スリープテックとは、ITやAIなどの技術を使って睡眠を改善するための製品やサービスのこと。「テック」とつくものは、フードテックやフェムテックなどいくつかありますが、スリープテックができる銘柄は少数。DX全盛のいまはテック系が注目されやすいため、その点で買われる可能性もあります。

ソフト99コーポレーション

PBR▼0・55倍

自己資本比率▼87・4％（21／12／15時点）
カタリスト▼サステナビリティ銘柄として再評価

サステナビリティやSDGsの流れが追い風に

ソフト99コーポレーション（4464）は、「ソフト99」をはじめとするカーワックスや補修用品などカー用品の大手です。

オンリーワン株の要素をもち、売上高営業利益率（10％以上）も安定しています。バリュー株の側面としては、PBRと自己資本比率は条件を満たしていて、現金等価物が186億円あるキャッシュリッチな会社です。

カタリストとしては、昨今のサステナビリティ重視やSDGsの流れが追い風になる可能性があります。

大量生産・大量消費の時代から、いいものを長く使う時代になると、車関係ではカーワックスや補修用品の需要が増えるでしょう。その流れで関連銘柄を探していくと、カー用品大手の同社が注目される可能性が十分にあり、PBRの低さなどからバリュー性があると評価されれば、買い注文が増えて株価も上がっていくことが期待できます。

そのほか、サステナビリティ関連で注目されるのは（バリュー株のくくりからは外れますが）、高級ブランド品や貴金属などの買取を行っているコメ兵《ひょう》ホールディングス（2780）。この会社は、訪日客が増えたときにインバウンド需要で株価が上がりました。いま、コロナ禍でインバウンド需要がないなかでも業績がよく、株価も21年はじめの700円台から1年未満で3倍まで上がっています。その背景にあるのが、サステナビリティ。ファッション業界は、基本的には次々と新しいものをつくる大量生産・大量消費の業界ですが、「いいものを長く使おう」という世の中の流れに変わっていくなかで、質がよい高級品を買い取り、再販するコメ兵ホールディングスの業績が伸びているのです。

鳥居薬品

PBR▼0・71倍
自己資本比率▼90・0％（21／12／15時点）
カタリスト▼親子上場解消のTOB

JTが親会社の優良企業

鳥居薬品（4551）は、透析に伴う症状の緩和剤やアレルゲン免療療法薬をつくっている会社です。

株主はJT（2914）が筆頭で53・4％を保有。つまり親子上場なので、親会社によるTOBなどで親子上場が解消される可能性がカタリストとなります。

財務を見ると、現金等価物が615・8億円で、有利子負債は0。時価総額が843億円ですから、その差引きの実質約227億円で買うことができる計算です。親子上場は、世界の市場では特殊ですし、時価総額4兆円超企業のJTから見れば金額的な負担は小さいため、TOBの可能性が期待できるのではないかと思います。

大阪製鐵

PBR▼0・27倍

自己資本比率▼73・9％（21／12／15時点）

カタリスト▼親子上場解消のTOB

日本製鉄によるTOBの可能性がある

大阪製鐵（５４４９）の株の60・６％は日本製鉄（５４０１）が保有しています。日本製鉄系のなかで、大阪製鐵は電炉の中核。鳥居薬品のケースと同様、ＴＯＢの可能性がカタリストになり得ます。

時価総額は４３４億円。大阪製鐵は、２０１６年に東京鋼鉄を92億円でＴＯＢしています。業界全体として統廃合が進んでいくなかで、日本製鉄によるＴＯＢも可能性が十分に考えられると思います。

ＪＦＥコンテイナー

ＰＢＲ▼０・41倍
自己資本比率▼67・２％（21／12／15時点）　※注　21年６月末では70・１％だった。
カタリスト▼親子上場解消のＴＯＢ

ジェイ エフ イーホールディングスのグループ企業

コンテイナーとはコンテナのことで、ＪＦＥコンテイナー（５９０７）はドラム缶をメインに扱っている会社です。この分野ではシェア首位級。社名からも読み取れるように、ジェイ エフ イーホールディングス（５４１１）のグループ企業です。筆頭株主は、ジェイ エフ イーホールディングスの中核企業であるＪＦＥスチールで、53・９％を保有しています。

バリュー性としては、自己資本比率が若干70％を切っていますが、だいたい条件を満たしています。時価総額は１２４億円。ジェイ エフ イーホールディングスは１兆円企業ですから、ＴＯＢの金額負担は大きくないでしょう。

ちなみに、ＪＦＥが筆頭株主となっている会社は、ＪＦＥコンテイナーのほかに、ＪＦＥシステムズ（４８３２）、品川リフラクトリーズ（５３５１）、日本鋳造（５６０９）、日本鋳鉄管（５６１２）、ジェコス（９９９１）などがあります。将来的な親子上場解消の流れを見据える場合は、このような企業にも注目しておくとよいかもしれません。

双葉電子工業

ＰＢＲ▼０・40倍
自己資本比率▼76・５％（21／12／15時点）

カタリスト▼ドローン

ドローンの会社として成長株になる可能性がある

双葉電子工業（6986）は電子部品メーカーで、特徴としてはドローンの事業をもっていること。

PBR、自己資本比率はともにバリュー株としての条件を満たしています。

業績は、2021年3月期は営業利益は▲35億円で赤字継続。22年3月期も▲12億円で赤字ですが、23年3月期は±0と均衡に戻る予想です。

株価は、18年には2250円ほどありましたが、そこから右肩下がりが続き、21年9月時点では700円台になりました。指標的にも株価としても買いやすい値段ですが、安くても上がらない「万年バリュー株」になる可能性があるため、カタリストがポイント。それはドローンです。

同社の商品群の1つにラジコンヘリがあります。業績が伸び悩むなか、投資家からは売却したらどうかといわれていた事業ですが、20年から、ソフトバンク、東京工業大学の研究室とともに、ラジコンヘリを災害時の救助などにドローンとして活用する取組みを進めています。ドローンは市場で注目されやすいテーマです。この取組みが評価されると、双葉電子工業はドローンの会社として認識され、それをきっかけに株価が上がる可能性があります。

ＰＢＲが低いバリュー株なので、注目されたときには投資家として買いやすく、株価も大きく上がる可能性があります。バリュー株でありつつ、成長株になるかもしれない要素をもつ面白い株です。

ツツミ

ＰＢＲ ▼ 0・54倍

自己資本比率 ▼ 98・1％（21／12／15時点）

カタリスト ▼ 自己資本比率や保有現金の再評価

バリュー株として見れば現金の塊のような会社

ツツミ（７９３７）はジュエリーの会社。貴金属の小売大手で、企画、生産、販売の一貫体制をもっている点が特徴です。

注目してほしいのは自己資本比率98・１％。ほぼ完全に自力で資金などを調達している会社で、有利子負債も0。また、時価総額456億円に対して、現金等価物が384億円あります。

業績を見ると、売上高は横ばい、営業利益率は3・6％ほどなのでいまいちに見えるかもしれませんが、バリュー株として評価する視点から見れば、ツツミはほぼ現金の塊のような会社。その点が注目されればカタリストとなり、PBRも1倍に近づくとともに株価が上がる可能性があります。

立川ブラインド工業

PBR▼0・56倍
自己資本比率▼71・4％（21／12／15時点）
カタリスト▼サステナビリティ銘柄として再評価

ブラインドは家庭用の省エネアイテム

立川ブラインド工業（7989）は、ブラインドのトップメーカーで家庭向けが約7割を占めています。ブラインドのトップメーカーとしてオンリーワン企業の要素をもち、純利益も着々と伸ばしています。

バリュー株としては、PBR、自己資本比率は条件を満たしています。有利子負債は0、現金等価物が184・6億円あるのに対して、時価総額は248億円なので、この点でも割安感があります。

ブラインドは、住宅の建設やリフォームなどが盛んになるときに需要が増えるので、基本的には景気と連動しやすい分野ですが、省エネアイテムでもあります。暑いときにブラインドを閉めれば、室内の温度上昇を防ぎ、エアコンの使用を抑えることができます。昨今はCO_2削減やカーボンニュートラルの取組みが重視されます。

サステナビリティを大切にする時代だからこそ、ブラインドの開け閉めといったアナログが注目され、その過程でトップメーカーの同社に投資家の目が集まり、バリュー性を評価されて買われるといった流れが考えられるのです。

北海道中央バス

PBR▼0・33倍

自己資本比率▼70・9％（21／12／15時点）

アフターコロナ銘柄として注目される

北海道中央バス（９０８５）は北海道最大のバス会社。道央を事業範囲とし、バス事業のほかに、不動産、建設、スキー場、ホテルなども手がけています。

ＰＢＲ、自己資本比率はバリュー株の条件を満たしています。業績は、21年3月期が営業利益▲41億円で赤字転落。22年3月期予想も営業利益▲30億円で赤字継続の予想です。原因はコロナ禍。観光旅行や修学旅行がほとんどなくなったことなどが業績に影響し、定期観光バスも全コース運休しています。

逆にいえば、コロナ禍が収束すれば業績も戻る可能性が期待できるということです。もともと北海道は観光需要が大きく、インバウンド需要もあります。実際、同社も、インバウンド需要の増加が追い風となって、株価が２５００円くらいから５０００円まで２バガーとなったことがあります。アフターコロナ銘柄として注目されつつ、さらに、バリュー株としても評価されて買われるのではないか、というのがカタリストです。

3 ―― 実践編 会社四季報で「バリュー株」の有望企業を探そう

PBRが低い企業は意外と多い

バリュー株探しで注目するのは、まずは「PBR（株価純資産倍率）」と「自己資本比率」です。

四季報では、PBRはNブロックの株価指標の欄、自己資本比率は、Eブロックの【財務】の部分に書いてあります。この2つはすぐに確認できますが、それぞれが意味することを少し深く理解しておきましょう。

まず、「PBR」は先述したとおり、現在の株価が1株当たり純資産（BPS）の何倍まで買われているかを見るものです。バリュー株は、企業の純資産に対して株価が割安な株を指すので、その水準を判定する指標としてPBRを使うわけです。PBRは次のように計算します。

［計算式］

PBR（倍）＝株価÷1株当たり純資産（BPS）

企業がもつ資産をそのまま評価するのであれば、ＰＢＲは1倍です。これは、１００億円の資産をもつ企業に対して、１００億円の時価総額がついている状態。

しかし、株価はそのときどきの経済状況によっても、投資家の期待によっても上下します。そのため、企業がもつ純資産の価値は、必ずしも時価総額とは一致せず、ＰＢＲについても、1倍を上回る株があれば、下回る株もあります。

上場企業の平均を見ると、約３８００社のＰＢＲの平均はおよそ1・3倍。これは、上場企業の平均株価が、各企業がもつ資産の合計に対して1・3倍の価格になっていることを表しています。

経済状況の影響では、たとえば、コロナショックで一時的に株価が下落した２０２０年3月は、日経平均のＰＢＲは0・83倍まで下がりました。ＰＢＲは、株価を1株当たりの純資産（ＢＰＳ）で割算した数値なので、ＢＰＳが変わらない状態で株価が下がるとＰＢＲも下落し、資産に対して割安になります。

リーマンショックで株価が下落したときも日経平均のＰＢＲは0・81倍まで下がり、東日本大震災後も、株価が安値となった２０１２年6月時点で、ＰＢＲは0・87倍まで下がっています。

逆に、株価が上昇しているときはＰＢＲも上昇します。たとえば、日経平均株価が２倍に上昇したアベノミクス相場では、ＰＢＲが１・４倍まで上昇しました。

ここで注目したいのは、株価の急落によって１倍未満となったＰＢＲが、その後しばらくして、平均値である１・３倍近辺に戻ったということ。それに伴って株価も上昇したということです。

企業の資産の金額が同じか、ほとんど変わっていなければ、ＰＢＲが上がれば株価が上がるときです。この考えに基づくと、現状としてＰＢＲが低い株も、平均値である１・３倍、少なくとも資産と同じ水準の１倍まで戻り、そのときに株価が上がる可能性が期待できます。

これが、バリュー株が値上がりする基本構造です。

その可能性をもつ株がどれくらいあるかというと、約３８００の上場企業をＰＢＲ順に並べると、２０２２年新春号発売日（21／12／15）の時点では、約45％の１７００社ほどがＰＢＲ１倍未満、３分の１にあたる約１３００社がＰＢＲ０・７倍以下です。

ＰＢＲが低い企業ほど１倍近くに戻ったときの株価の値上がりも大きいため、本書のバリュー株のＰＢＲ判定では、大きく値上がりする可能性を秘めている０・７倍以下なら◎、

０・７倍よりも上で１倍未満は○、１倍より上は△とします。

自己資本比率で健全性を確認する

次に、「自己資本比率」について説明します。四季報ではＥブロックの【財務】の欄に載っています。

自己資本比率は、事業運営に必要な資本のうち、どれくらいを自己資本で調達したかを示すもの。他人資本である負債が多ければ低くなり、負債が少ないほど高くなります。次の式で計算します。

［計算式］

自己資本比率（％）＝（自己資本÷総資産）×１００

自己資本を重視するのは、自己資本比率が大きく、借金がない企業ほど経営が安定しやすいためです。売上や利益が減ったとしても、返済に行き詰まるリスクが小さく、その点で健全性が高いといえるわけです。

本書では、自己資本比率70％以上の株をバリュー株の対象としました。比率に応じて判定するなら、70％以上が◎、50〜70％は○、30〜50％は△、30％以下はバリュー株としては×と考えます。

70％を条件とした理由は、全上場企業の平均との比較です。上場企業の自己資本比率は平均52％。これを基準として標準偏差を計算すると、7割くらいがプラスマイナス20％くらいの範囲、30～70％の間に入ります。

標準偏差は、わかりやすくいえば受験の偏差値です。偏差値は50が基準。50を頂点として山のような形になり、7割が偏差値40から60くらいまでの間に入ります。受験の場合、この一群から飛び抜けるのは、ごく一部の成績が飛び抜けてよい人（と悪い人）。自己資本率も同様に、**標準偏差70％を超える企業は特別と考えて、70％以上のバリュー株は買えると判定します。**

借金が少ないほうが評価は高くなる

自己資本比率が高いということは、簡単にいえば借金が少なく、自分のお金で事業を運営しているということです。バリュー株探しでは、この点を見て「投資リスクが小さい」「健全な経営をしている」と評価します。東京証券取引所でも、自己資本比率が低すぎる企業は投資の安全性が下がるという観点から、上場に対する規制を設けています。

ただし、自己資本比率が高いほどよいかというと、そうではありません。

なぜなら、業種や事業や戦略によっては、借金をして設備を拡充させたり、たくさん商品をつくったり仕入れたりすることで大きな成長が見込めることがあるからです。

欧米では、この考え方が一般的です。借金があってもかまわない。業績が伸び、株価が上がり、投資のリターンが大きくなるなら、むしろ借金してでも業績を伸ばしてほしい。そういう考えがあるため、欧米では、自己資本の比率よりも、自己資本に対してどれくらいの利益を出しているかを重視します。

この利益率を表すのが、ROE（Return on Equity＝自己資本利益率）です。

［計算式］

ROE（％）＝当期純利益÷自己資本×100

投資家が出資するお金は自己資本に含まれます。自己資本をうまく活用し、利益が増えるほどROEは高くなりますから、成長性と投資のリターン重視で投資する人は、ROEを見て投資先を探します。

日本の上場企業のROEの平均は、金融業を除く全産業で7％ほど。一般的には、10〜20％くらいある企業は成長性があると評価されます。

日本には、「借金はしないほうがいい」という感覚が根強くあります。これは投資に限ったことではなく、日常生活でも借金があるとなんとなく後ろめたい気持ちになり、借金の一種である住宅ローンなども、なるべく早く返そうと考える人がたくさんいます。

このような価値観があるため、企業も借金が少ないほうが健全と評価されやすく、有利子負債が少なく、自己資本比率が大きい企業の株が好まれる傾向があります。

資本、自己資本、総資産を理解しておく

四季報のEブロックには「総資産」が書かれていますが、これもバリュー株探しでは注目しておきたい情報の1つです。

PBRや自己資本比率は「純資産」の話で、ここで出てくるのは「総資産」です。わかりづらいと感じる人もいるかもしれません。

話が混乱する前に、貸借対照表（BS）の基本を押さえておくことにしましょう。BSを理解することでEブロックの読み方もよりわかりやすくなります（次ページ参照）。

BSは右と左に分かれています。

右は、資本の部分。ここは事業運営に必要な他人資本と自己資本が入り、運営のお金を

どのように調達したかを表し、また、資本の内訳がどうなっているかがわかります。自己資本が「純資産」で、その比率を表すのが自己資本比率です。

左は、その資本をどのように運用しているかを表しています。これが「総資産」です。左側を見ることによって企業の資産の内訳がわかります。また、ＢＳでは、資本の合計と総資産の金額が同じです。他人資本と自己資本を合わせた額が、総資本であり、総資産でもあります。

Eブロックの【財務】で経営状態を見る

ＢＳをもう少し詳しく見てみましょう。

ＢＳは右側から見ます。右に入る他人資本

▶ 四季報に記載されているBSの項目

運用	調達
Ⓐ 総資産	負債
流動資産 固定資産	Ⓕ 有利子負債 短期借入金 長期借入金 社債
	Ⓑ 自己資本（純資産）
	Ⓓ 資本金 Ⓔ 利益剰余金 （▲自己株式）

$$Ⓒ\ \text{自己資本比率（\%）} = \frac{Ⓑ\ \text{自己資本}}{Ⓐ\ \text{総資産}}$$

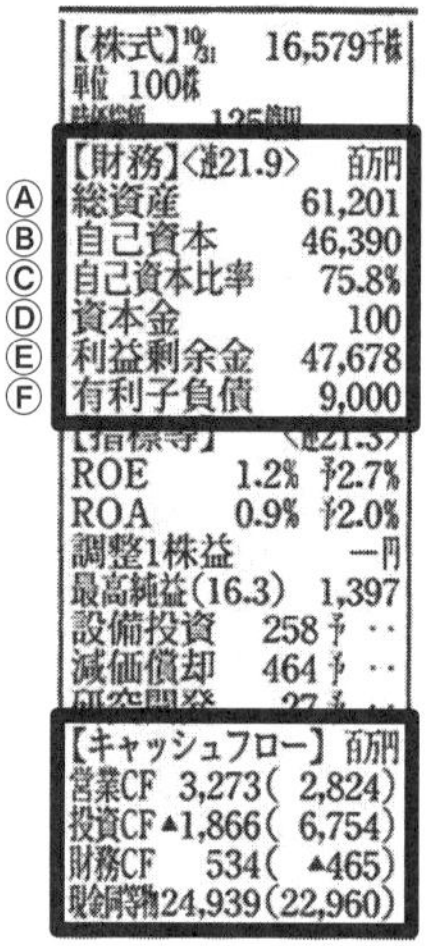
【株式】10/31 16,579千株
単位 100株
【財務】〈連21.9〉 百万円
Ⓐ 総資産 61,201
Ⓑ 自己資本 46,390
Ⓒ 自己資本比率 75.8%
Ⓓ 資本金 100
Ⓔ 利益剰余金 47,678
Ⓕ 有利子負債 9,000
ROE 1.2% 予2.7%
ROA 0.9% 予2.0%
調整1株益 ―円
最高純益(16.3) 1,397
設備投資 258 予 ‥
減価償却 464 予 ‥
【キャッシュフロー】 百万円
営業CF 3,273(2,824)
投資CF ▲1,866(6,754)
財務CF 534(▲465)
現金同等物 24,939(22,960)

（『会社四季報』2022年新春号）

には、借入金などによって調達しているお金や未払いの代金などを含みます。借りているお金や、いずれ誰かに払うお金であるため、これらは他人のお金であり、他人資本というわけです。

左は資産。内訳としては、現金、現金化する予定の売掛金などがあり、建物、土地、設備などの機械、保険の積立金などがあります。

例を挙げて考えてみます。

たとえば、銀行から100万円借りるとします。そのうちの50万円で機械を買い、残り50万円を現金としておいておきます。

この場合、まず右側では、他人資本の欄に100万円が入ります。項目としては、利子が発生する借金なので有利子負債。左側には、機械50万円、現金50万円が入ります。このお金は銀行から借りたお金ですが、現金や機械として企業の資産の一部になっているので総資産に含めます。

このような情報のうち、四季報Eブロックの【財務】の欄には、経営状態を見るうえで大切な部分のみが選ばれて書かれています。

【財務】の部をBSと照らし合わせて見ていくと、一番上の総資産はBSの左の総額、自己資本は右下の純資産、自己資本比率は総資産に対する自己資本の比率、資本金と利益剰余金は純資産に含まれ、有利子負債は負債に含まれている借金の金額で、短期借入金、長期借入金、社債などが含まれます。

ちなみに、調達した資本は、必ず何らかの形で運用されています。BSは右側と左側の合計金額は一致するので、バランスがとれるという意味でバランスシート（BS）と呼ばれているわけですが、四季報ではBSのすべての項目を記載しているわけではなく、重要な数字のみ選出しているので、総資産の金額と、資本金、利益剰余金、有利子負債などを合計した資本の金額はバランスしません。

「実質タダ銘柄」もたくさんある

BSとEブロックの読み方を押さえたところで、総資産の話に移ります。

総資産について注目したいのは、現金がどれくらいあるかです。

黒字の企業であっても、現金が足りなくなると事業が回らなくなって倒産する可能性があります。キャッシュフローの項で説明したように、現金不足によって商品が仕入れられなくなる、借入金の返済が滞るといったケースです。黒字倒産と呼ばれる状態です。このリスクを見抜くためにどれくらいの現金があるか確認します。**自己資本が多いほど経営が安定しやすいように、現金が多いキャッシュリッチな企業も経営が安定しやすくなります。**

手持ちの現金は、Eブロック【キャッシュフロー】の項目の「現金同等物」の金額と、【財務】の項目にある「有利子負債」を引き算することで計算できます。

たとえば、現金同等物が5億円、有利子負債が3億円であれば、企業は実質的に2億円の現金をもっていることになります。じつはここに、バリュー株選びの重要なポイントがあります。

現金の額を見ていくと、企業によっては、現金が時価総額と同じぐらいまで積み上がっていることがあります。例を挙げて見てみましょう。

四季報2021年夏号では、大和冷機工業（6459）は、PBR1倍未満、自己資本比率85・0％なので、指標としてはバリュー株としての条件を満たしています。

では、現金はどうでしょうか。Eブロックを見ると現金同等物が523億円。十分な金額ですが、Eブロックの上段の時価総額を確認すると545億円と書いてあります。

時価総額は企業の値段。理屈としては、すべての株を買い上げることによって企業を完全に買収できますから、この場合、５４５億円あれば大和冷機工業を買収できます。また、買収すると現金同等物が５２３億円ついてきますので、実際には５４５億円マイナス５２３億円で、22億円で買収できるということになります。

業績を見ると、２０２０年12月期の実績で、純利益が30億円ほど。年間30億円稼ぐ企業を実質22億円で買えるのであれば安いと判断できるでしょう。つまり、大和冷機工業は保有する現金の金額から見ても割安度が大きいバリュー株と判定できるわけです。

このようなバリュー株を、私は「実質タダ銘柄」と呼んでいます。市場には実質タダのような価格で放置されているバリュー株がたくさんあります。

預かり金や未払い金が多い業界に注意

現金同等物については1つ注意点があります。それは、前受金や未払金が多い企業は、一時的にたくさんの現金をもつことがあり、キャッシュリッチな会社に見えることがあるという点です。わかりやすい例が旅行会社です。近畿日本ツーリストのＫＮＴ－ＣＴホールディングス（９７２６）を見てみましょう。

近畿日本ツーリストは、コロナ禍による旅行者の大幅減少で売上、利益ともに下がっています。しかし、大手企業ですし、コロナ以前は年間売上4000億円、純利益が10億円以上ありました。コロナの影響が出る前の2019年3月期を見ると、現金同等物が700億円あります。キャッシュリッチです。有利子負債もありません。

しかし、旅行業の特性上、旅行会社は、お客さんから旅行代金を預かり、そのお金を旅館、ホテル、航空会社などに渡します。この現金を一時的に旅行会社がもつことになるため、現金同等物の金額が大きくなる傾向があります。

四季報には記載されていませんが、同社の決算資料のBSの負債の部を見てみると、預かり金が175億円、旅行前受金が423億円あり、これだけで約600億円です。つまり、有利子負債はありませんが、現金同等物のほとんどは短期で支払いとなるお金であるため、その点を踏まえるとキャッシュリッチとはいえないのです。

このタイプの企業は、預かり金などを含む負債の比率が大きくなりやすいため、自己資本比率が低くなる傾向があります。たとえば、KNT－CTホールディングスは自己資本比率が20％で、その点で本書のバリュー株の条件からは外れます。

現金同等物の金額からバリュー株を探す場合は、必ず自己資本比率も併せて確認します。また、BSの負債の部の詳細は四季報には書かれていないので、個々の企業のウェブ

サイトなどで決算資料を確認する必要があります。

「安物探し」だけでは不十分

バリュー株探しで3つ目の条件としたのが、カタリストです。投資で稼ぐという点から見ると、ここがとても重要です。

PBRが低く、自己資本比率が高く、さらにキャッシュリッチであったとしても、株価が上がるきっかけがなければ、万年バリュー株のまま放置される可能性があります。

PBR0・7倍以下、自己資本比率70％以上という条件は、バリュー株探しの前提。これは、四季報などに書かれている数字を確認するだけですから、少しの手間で誰にでも探すことができます。そして、多くの人がそこで満足してしまい、万年バリュー株を買ってしまいます。これが、「安い」と思って買った株が上がらず、投資資金が拘束されたり、業績悪化で株価がさらに下がったりする原因。つまり、バリュートラップです。

このトラップを避けるには、「安物探し」と「バリュー株探し」を別のものとしてとらえなくてはいけません。PBR0・7倍以下、自己資本比率70％以上という条件に合う株を探すのは、安物探し。それら安物の中から、カタリストがあるものを見つけ出すのが、バリュー株探しです。

日本人の多くは安物探しが上手です。30年もデフレが続いた結果、節約上手になり、買い物上手になりました。ファストフードや回転寿司のおかげで美味しいものが安く食べられるようになり、ファストファッションのおかげでおしゃれで長持ちする洋服類が安く買えるようになりました。１００円ショップで生活用品を買うこともできます。

日常生活では、少しでも安いものを探すのはよいことかもしれません。マックのコーヒーで十分、ユニクロで十分、ダイソーで十分、ずっといまのままの価格がよいと思う人もいます。しかし、バリュー株は違います。安く買って高く売る株の世界では、価格が上がってくれなければ利益になりません。そのきっかけがカタリスト。カタリストがあるかどうか見抜くことがバリュー株探しではとても重要なのです。

ＰＢＲとＢＰＳに注目する

では、カタリストを見抜くにはどうすればよいのでしょうか。

ポイントはＰＢＲを別の視点から見ることです。

第１章で、「ＰＥＲ＝株価÷１株当たり利益（ＥＰＳ）」と考えると、どうしても話の主語がPERになってしまうという話をしました。

PERは、割安、割高を判断する基準ですが、割安の株だけが上がるわけではなく、割高の株がさらに上がることもあります。その可能性を見抜くためには、株価を主語にして考えることが大事。そのために、「PER＝株価÷1株当たり利益（EPS）」という計算式を、「株価＝PER×1株当たり利益（EPS）」に直して考えました。

この式では、PERと1株当たり利益が上がるほど株価は上がります。PERが上がるということは、「この株は上がるはず」と思って高値で買う人が増えているということですから、ここで株価上昇に必要な投資家の期待が見えてきます。

この期待はカタリストの1つです。期待が高まり、株価が上がり、期待どおりに業績が上がっていくという流

▶ PBRの計算式を変換する

PBR＝株価÷1株当たり純資産（BPS）

↓

株価＝PBR×1株当たり純資産（BPS）

れで利益が生まれます。

PBRも同じです。PBRの計算式は、「株価÷1株当たり純資産（BPS）」。この式で考えてしまうと割安度にばかり目が向いてしまうので、「株価＝PBR×1株当たり純資産（BPS）」に直します。この式にすることで、株価が上がるためには、PBRか、1株当たり純資産（BPS）が上がらなければならないとわかります。

どちらが上がってもかまいません。どちらが上がるにしても、カタリストがある場合に、PBRかBPSが上がり、株価が上がり、利益が生まれます。この流れを念頭に置いて、それぞれの株にどんなカタリストが期待できるか見ていきます。

土地持ち企業はインフレで値上がり期待

BPSの上昇につながるカタリストとして、わかりやすい例は、企業が保有している純資産の値上がりです。

たとえば、保有する土地の価値です。BPSは「純資産÷発行済株式数」ですから、資産価値が上がればBPSも上昇し、株価も上がります。

保有している遊休地でショッピングモールやマンションの開発が始まるかもしれませ

ん。世の中がインフレになると地価も上がるので、この場合も資産価値が上がります。

このタイプの株の典型例は、片倉工業（３００１）。この会社は、製糸業で創業して大きくなりましたが、かつての工場敷地内にゴルフ練習場をつくったり、製糸場をショッピングセンターに再開発するなどして不動産事業を手がけていきます。２００４年にはさいたま市に大型ショッピングセンターのコクーンシティをオープンさせました。当時の株価は７５０円くらいでしたが、そこから土地持ちであることが評価され、不動産事業がうまくいったこともあって、株価は２５００円まで上がったのです。

日本は30年近くデフレが続いていますが、このような国は他の先進国にはありません。このことから、そろそろインフレになり、地価が上昇していく可能性がありますし、インフレを先回りして土地持ちの企業の株を買う人が増えることによって、株価が上がる可能性もあります。そう考えると、銀座の一等地に土地をもつ百貨店の松屋（８２３７）はインフレ期待の土地持ちバリュー株といえるでしょう。

養命酒をつくっている養命酒製造（２５４０）も、本社が渋谷の高級住宅街にあります。養命酒酒造は長野県で創業した会社ですが、１９２５年に東京に進出し、89年には本社ビルを建てています。そのときからの地価の上昇で土地の含み益が膨らんでいる可能性がありますし、PBRは0・62倍ですから、資産価値の見直しで株価が適正水準まで戻ったときの値上がりも十分に期待できます。

関西圏では、住友倉庫（9303）。住友不動産（8830）が筆頭株主になっている大阪拠点の倉庫の会社で、四季報2021年秋号の特色欄に「土地含み大」と書かれています。

親子で上場している企業を探す

企業個別のカタリストとしては、親子上場の解消があります。親会社と子会社が両方とも上場している場合に、親会社が子会社の株を買い取り、子会社の上場を廃止するケースです。

親会社と子会社がどちらも上場する親子上場は、日本市場特有のもの。世界の市場から見るとおかしな状況で、見直したほうがよいのではないかと議論が進み、近年、親会社のTOBが行われるようになりました。

前述した住友不動産と住友倉庫は親子上場の一例です。最近の例では、NTT（9432）がNTTドコモ（9437）をTOBで完全子会社化し、ソニー（6758）

も金融系の子会社であるソニーフィナンシャルＨＤ（８７２９）をＴＯＢで完全子会社化しています。これらはほんの一例で、市場にはまだ４００件もの親子上場があります。

親子上場の解消がカタリストになるのは、子会社の株が割安で放置されていた場合です。親会社は、親子上場を解消するために子会社の株を市場で買います。この際、親会社がいくらで株を買うかが重要視され、子会社の株が割安で放置されていた場合は、子会社の資産総額に見合った株価まで上がる可能性があります。

親子上場の解消では、ＴＯＢによる完全子会社化のほかに、株を他者に売却して親子関係を解消する方法、ホールディングス化する方法が考えられます。

この場合も、基本的な考え方は同じ。**どの方法でも株の売買や交換が発生し、その際に資産に対して株価が割安かどうかという視点での見直しが行われるはずなので、親子上場しているバリュー株は基本的にすべてカタリストがある株といえます。**

株価が上がりにくい業界

最後に、バリュー株を探す際の注意点です。

本章で挙げた指標面での条件をクリアし、さらにキャッシュがあり、カタリストが期待

できる株でも、業種や業界によっては株価がなかなか上がらないものがあります。

たとえば、パチンコ関連。私個人の経験からは、パチンコ関連の株がバリュー株視点で値上がりした記憶はありません。

ペット関連もなかなか上がりません。理由は定かではありませんが、おそらくペットそのものが人間のエゴであるという見方があり、株が大きく動くような大きな買い注文が入りづらいのだと思います。似たケースで、医療系では治験や実験に動物を使う企業なども、動物の命を巻き込むとの考え方から株価が上がりにくいといえます。

エステ、ネイルも上がりにくい分野です。理由としては、参入障壁が低く、新陳代謝の激しい業界と見られ、バリュー性があっても競争力や持続性はどうなの？　と疑問視されるケースが多いためと思われます。これらの分野の株が上がらないとは断言できませんが、経験と肌感覚から、上がりにくいとはいえます。

バリュー株を見ていく際には、業種や業界、事業内容をしっかり確認しましょう。

株主優待で株をもっと楽しもう

株主優待は、株に興味をもつきっかけの1つ。企業の側も個人投資家に長く株をもってもらうための施策として株主優待に力を入れ、最近では上場企業の約4割が株主優待を設定しています。

優待内容として多いのは、自社商品、自社店舗で使えるクーポン券、クオカードなどのプリペイドカード。気に入っているブランドやよく行く飲食店などがある場合は、会社情報を見て株主優待があるか、どんな優待の内容かを調べてみるとよいでしょう。

「どんな優待があるか知りたい」「お得な優待を受けたい」という人は、四季報オンラインのスクリーニング機能を使えば簡単に探せます。

株は、売買で得る利益（キャピタルゲイン）が注目されますが、株主優待や配当金（インカムゲイン）もリターンの1種。私も、基本的にはキャピタルゲインが狙える株を日夜探していますが、株主優待目的で保有している株もあります。

私が好きなのはお米。コシヒカリなどのブランド米を優待品にしている会社の株をもっ

▶「株主優待」を検索する手順（優待が「食品」のケース）

❶スクリーニング項目を選ぶ

「四季報データ」→「株主優待」→「株主優待カテゴリー」→「演算子：含む、条件値：食品」→「条件を確定」

「条件の追加＋」→スクリーニング項目を選ぶ→「四季報データ」→「株主優待」→「株主優待利回り（%）」→「演算子：>、条件値：0」→「条件を確定」→「検索」

❷優待スクリーニング結果が出る（優待が食品のもので利回りの高い順に並べ替えたもの）

190件中190件を表示　　一括登録

株主優待利回り(%)（ > 0.00 ）／株主優待カテゴリー（ 含む "食品" ）

全市場（除くREITなど）／登録銘柄絞込みなし／その他の絞込み条件なし

	銘柄コード ⇕	銘柄名 ⇕	市場 ⇕	株価(円) ⇕	優待利回り▾(%)	優待カテゴリー ⇕
1	2930	北の達人コーポ	東1、札証	327.0	13.20	食品
2	3073	ＤＤホールディング	東1	559.0	10.75	飲食券、食品
3	8881	日神グループＨＬＤ	東1	515.0	7.88	食品、暮らし、旅行・宿泊、娯楽レジャー、継続保
4	7524	マルシェ	東1	410.0	7.46	飲食券、食品
5	2404	鉄人化計画	東2	380.0	6.63	飲食券、食品、娯楽レジャー
6	7621	うかい	J(S)	3,000.0	6.06	飲食券、食品、娯楽レジャー
7	3222	ユナイテドＳＭＨＤ	東1	1,066.0	5.67	食品、買物券
8	3053	ペッパーフードＳ	東1	350.0	5.54	飲食券、食品
9	8165	千趣会	東1	392.0	5.14	食品、買物券、ファッション、暮らし、継続保有特
10	3224	ゼネラルオイスター	東マ	995.0	5.10	食品、自社商品、継続保有特典
11	9612	ラックランド	東1	2,992.0	4.60	食品、買物券
12	2927	ＡＦＣＨＤアムス	J(S)	885.0	4.59	食品、ファッション
13	7185	ヒロセ通商	J(S)	2,202.0	4.56	食品
14	2752	フジオフードＧ本社	東1	1,332.0	4.54	飲食券、食品
15	6087	アビスト	東1	2,894.0	4.41	食品
16	8142	トーホー	東1	1,278.0	3.89	食品、買物券、継続保有特典
17	7040	サン・ライフＨＬＤ	J(S)	790.0	3.80	飲食券、食品、買物券、暮らし、旅行・宿泊、自社商
18	7337	ひろぎんＨＬＤ	東1	703.0	3.62	食品、暮らし、娯楽レジャー、その他
19	7805	プリントネット	J(S)	571.0	3.53	食品、自社商品
20	7520	エコス	東1	1,932.0	3.14	食品、買物券
21	1780	ヤマウラ	東1、名1	973.0	3.10	食品
22	9997	ベルーナ	東1	708.0	2.82	食品、買物券、ファッション、暮らし、旅行・宿泊

（会社四季報オンライン 2022 年 1 月 4 日時点）

ています。

本文で説明したように、株価指標の1つにROE（Return on Equity）があります。会社が自己資本に対してどれだけ利益を生み出しているかを表すもので、わかりやすくいえば利回りのようなもの。私はこれをもじって、Rice on Equityという指標をつくっています。投資した資金に対してどれだけお米を獲得できたかを示す遊びの指標です。こういう楽しみ方ができるのも株主優待の面白さで、キャピタルゲインだけに終始しない株の魅力の1つでもあります。

私が最初に株主優待をもらったのは東京會舘（9701）という会社の株。当時の株価は180円ほどで、1000株買っても18万円。それで1万円分の食事券がもらえました。利回り換算すると5％強。「これは面白い」と感じたのがきっかけで、その後、SANKO MARKETING FOODS（2762）を買って居酒屋でお酒を飲んだりしているうちに、お米にたどり着いたのです。

老舗株

第5章

会社四季報の達人が教える、永続的に成長する会社の見つけ方

1 堅実経営を長年続けてきた企業を探す

創業100年を超えた会社

「老舗株」は、創業や設立から長期にわたって存在し続けている長寿企業の株です。

有望企業の観点では、まず長期で経営が続いていることだけで十分評価に値します。長寿は、戦争、バブル経済の崩壊、金融危機、市場再編といったいくつもの危機を乗り越えた結果であり、長寿企業はそのために必要な力をもっていると評価できるからです。

また、長寿企業は、お客さんや取引先からの信頼があると判断できるでしょう。設立まもない若い企業と比べて、消費者や業界内での知名度も高いといえます。

このような長所を踏まえて、投資対象としては、危機を乗り越えて稼ぎ続ける力や、生き延びる力があるという点で、安心して長くもつことができます。

本章で探す老舗株は、以下の3点を条件とします。

① 創業または設立から100年以上経っている

② ロングセラーがある

③歴史を生き抜いた技術や事業をもっている

ここでは、3つすべてに当てはまる株ではなく、どれかに当てはまる株を狙います。

資産として残せる株

1つ目の条件は、創業または設立から100年以上の歴史があること。厳密に100年でなくてもよいのですが、世紀をまたいで存在し続ける企業には、商品や事業モデルや経営スタイルなどの点で、生き残る強さをもっていると判断できます。

株は、投資目線では株価の値上がりを狙うものですが、株そのものの本質は企業の一部をもつことです。つまり実体があるもので、実物資産ともいえます。

そう考えたときに、もっとも重要なのは実体が消滅しないこと。時代や変化を超えて価値が守れるかどうかが大事です。

企業の平均寿命が30年ほどといわれるなかで、平均の3倍以上も存続している100年企業は強い生命力がありますし、株を長くもてる、長く運用できる、子や孫に資産として残せるという点で見たときに、老舗株は資産としての価値が高く、企業として有望といえるわけです。

長くもつことができ、価値がなくならないという点からみると、老舗株は土地を所有するのに近いかもしれません。

ロングセラーの商品・サービスをもっているか

2つ目は、ロングセラーがあること。

ロングセラーは、長く売れる商品やサービスのことで、これは経営の下支えになり、長寿の要因にもなります。

これと対照的なのが流行にのったベストセラー。これは短期間で爆発的に売れる商品。成長株や業績回復株にはこちらが必要で、商品がたくさん売れることでお客さんが増え、業績がよくなり、株価が上がります。ベストセラーは、そのときどきの時流のなかで生まれます。技術革新が追い風になったり、政策が追い風になったり、マーケティング戦略によって話題性を高めることで追い風がさらに強くなることもあります。

一方、ロングセラーは時流の影響をほとんど受けません。広告などプロモーションを頑張ってもロングセラーをつくることはできないでしょう。この「つくれない」という点が重要です。**世の中に必要とされ続け、使い続けられ、買われ続けている結果がロングセラ**

ーであり、この時間をかけた積み重ねは、誰にでもつくれるものではありません。

サステナブルな経営が重視されている

3つ目は、歴史を生き抜いた技術や事業をもっていること。これはロングセラーの話にも通じますが、商品やサービスの視点ではなく、事業活動や事業そのものが世の中から支持され続ける理由があるということです。

とくに昨今は世界全体の流れとして持続可能性が重視されるようになりました。SDGsの17の開発目標がわかりやすい例で、サステナブル（持続可能）かどうかによって事業の良し悪しが測られ、企業の評価にも影響します。老舗企業は長期にわたって継続しているという点において持続性があり、サステナビリティそのものといえます。

トレンド性があるハイテク株や値上がりが期待できるテーマ株（そのときどきの話題が追い風となって株価が上昇する株）と違って、老舗株の事業内容には派手さや新しさはありません。はっきりいって地味です。しかし堅実です。だから買えます。

現状の株式市場は、企業は株主のものという考えがあり、わかりやすくいえば株主の利益至上主義です。売上や利益の伸び、投資に対するリターンを見るROE（自己資本利益率）のような指標が重視されるのも、各企業の活動を「株主にどんな利益をもたらすか」という視点から見ているからです。

しかし、２０１９年８月、米主要企業の経営者団体であるビジネス・ラウンドテーブルは「株主第一主義」を見直し、従業員や地域社会などの利益を尊重した事業運営に取り組むと宣言しました。これは世界のビジネスのルールを大きく変える大きな転換点となりました。株式市場においても、今後は株主のための企業という見方から、「社会の公器としての企業」という見方に変わっていくでしょう。企業の評価基準として、売上や利益と同程度に社会や地域への貢献度が重視されるようになるかもしれません。

そうなったときに、注目が集まるのは持続性を体現している長寿企業であり、老舗株です。**老舗株は、歴史という大きな資産をもっています。技術や事業を育ててきた歴史は、誰もがもっているものではありません。**

さて、ここに挙げた３つの条件のどれかに当てはまる企業を四季報２０２１年秋号で探していくと、以下のような銘柄が浮かび上がってきました。

2 ―― 安心して買える「老舗株」の銘柄

松井建設

創業 ▼ 1586年　**設立** ▼ 1939年
特徴 ▼ 宮大工起源の独自技術

宮大工を起源とした技術をもつ最古参の会社

松井建設（1810）は、老舗株のなかでまず押さえておきたい銘柄。1586年の創業で、400年以上にわたって存在し続けている会社です。

創業年で見ると上場企業では最古参。神社やお寺の建築で培った伝統技術があり、近年は、学校、病院、住宅などの建築が中心となっています。

私が最初に松井建設について知ったのは、生まれて初めて読破した1998年新春号の四季報で、そこに加賀前田家の城大工が起源と書いてあり、「そんなに古い会社があるのか」と驚きました。その後、京都や鎌倉などに出かけたとき、修繕中の神社などに松井建設の幕がかかっているのを何度か見ました。

同社の唯一無二の価値は、宮大工を起源とする技術。伝統工芸の世界です。株は「儲かるかどうか」という視点で見てしまうものですが、伝統や歴史の価値も見逃せません。トレーディングカードでたとえるならレアキャラのカードのような、金銭的な価値では測れない要素があるのです。

株式会社の設立年では、松井建設は最古ではありません。日本の株式会社としては渋沢栄一がつくった国立第一銀行が最古です。国立第一銀行は第一勧業銀行になるなど再編され、現在はみずほ銀行になっています。また現存する企業として、直近まで四季報に第四銀行が株式会社の「最古」と記載されていましたが、北越銀行と経営統合して第四北越フィナンシャルグループになったことでその記述はなくなりました。

このように、設立年が古い会社は統廃合することが多いのですが、松井建設は1939年設立からずっとそのまま。創業から400年超、設立から80年超という時間が経っても、ずっと社名を変えずに存在していることに価値があるのです。

養命酒製造

創業▼1602年　**設立**▼1923年
特徴▼生薬でつくる唯一無二の酒造

養命酒にはSDGs時代とリンクする価値が多い

養命酒製造（2540）は、薬用酒メーカーとして市場で大きなシェアをもつ知名度の高い会社です。

業績は、ここ数年は売上高100億円、営業利益6億円前後で、大きなブレはありません。自己資本比率が87・5％と高く、有利子負債も0で、経営状態は健全です。

同社の創業は1602年（慶長7年）。長野県駒ヶ根に工場があり、私も過去に見学させてもらったことがあります。まず驚いたのは、工場の敷地に縄文遺跡があること。水がきれいな土地で、敷地にも渓流が通っています。

養命酒ができた背景について工場内に説明文がありました。それによると、山道に倒れていた老人を助けたところ、お礼に秘伝の薬を教えてもらった。それが養命酒の原型とのこと。真実か伝説か判断が難しいのですが、縄文遺跡を見たあとでは本当のように感じられます。老舗企業ならではの説得力といえるでしょう。

株価上昇につながるカタリストとしては、SDGs時代に自然由来の原料でつくっていることが再評価される可能性があります。

養命酒は生薬が原料です。14種の原料のうち、唯一、マムシ由来の反鼻《ハンピ》だけは動物性ですが、あとはすべて植物性。そのレシピが数百年受け継がれているのは大きな価値といえるでしょう。伝統、文化、日本的など、養命酒にはSDGs時代とリンクする価値が多く、そこに注目が集まれば、株価が上がっていく可能性も期待できます。

カルラ

創業▼1910年　**設立**▼1979年

特徴▼100年以上続くそばづくりの伝統

個人経営のそば屋が100年後に上場企業に

カルラ（2789）は、宮城県を中心に和食ファミリーレストラン「まるまつ」を展開している会社です。

前身はそば屋。創業者の井上政人氏は岩手県出身で、貧乏から脱却するためにブラジルに渡ろうとして、とりあえず仙台に行きました。そば屋でアルバイトをしながら渡航費を貯めるわけですが、店の従業員だった女性と結婚することになり、仙台で「丸松そば店」を始めます。その後、子どもが店を引き継いで徐々に規模を拡大し、ファミレスのチェーン展開につながっていきました。

「人に歴史あり」という言葉がありますが、店にもさまざまな歴史があります。個人経営だったそば屋が、創業から約100年後に上場企業になるという展開も老舗企業ならではの面白さ。そば専門店も展開しています。

帝国繊維

創業▼1887年　**設立**▼1950年

特徴▼金融財閥で異色の製造業

安田財閥系の消防用ホース最大手メーカー

帝国繊維（3302）は、日本の4大財閥の1つ安田財閥の創業者・安田善次郎がつくった会社。戦前戦後の大きな社会変化のなかを、財閥系の会社がどのように生き抜いてきたのかを垣間見ることができる老舗企業です。

設立は1887年。安田財閥系は、当時もいまも金融に強いグループですが、そのなかで唯一の製造業として、麻の機械紡績から始まったのがこの帝国繊維です。製麻会社との合併などを経て、1907年に前身となる帝国製麻を設立し、1941年にいまの社名になりました。

明治時代、製麻は国の重要な産業でした。麻布は天幕、兵器や飛行機を覆う帆布などに使われ、品質のよかった同社の製品は欧州にも輸出されています。国内でも、蚊帳、畳糸、郵便物の運搬に使う袋、貨物列車の幌などに広く使われました。1903年に製造を始めた消防用ホースもその1つで、同社はいまも消防用ホースの最大手です。

帝国製麻は、戦後の財閥解体によって帝国繊維、中央繊維、東邦レーヨンに分割され、以来、帝国繊維は消防ホースを主軸とする会社として成長していきました。

ちなみに、財閥解体では、安田財閥の金融事業群も分割され、安田銀行をルーツとする富士銀行中心の芙蓉グループの形成につながります。その後、金融業界内の統廃合で、現在はみずほフィナンシャルグループ（8411）となっています。

多木化学

創業▼1885年　**設立**▼1918年
特徴▼マッタケ養殖にも転用可能な技術

独自技術を応用・転用して新規事業を手がける魅力

多木化学（4025）は、1885年に肥料からスタートした化学品の老舗企業です。ベースの技術は肥料などにありますが、その技術や知見をさまざまな商品開発に応用しているのがこの会社の面白いところ。スマホの部品向け原料もつくるし、車向けの製品もつくります。バカマツタケもその1つ。これは養殖マツタケのことで、四季報によれば、22年12月期に事業化をめざしています。

老舗の会社は、養命酒製造（2540）のように、特定のロングセラーを売り続けるケースもありますが、独自の技術を応用・転用して新規事業を手がけるケースも少なくありません。

長年培ってきた技術が老舗企業の価値の1つです。老舗というと古いやり方を伝統として守り続けているイメージがありますが、その側面をもちつつ、技術を活かして新規事業に挑戦することで新たな成長を生み出したり、時代に適応したりしているのです。

マッタケつながりの話では、「松茸の味お吸いもの」をつくっている永谷園ホールディングス（2899）も新しい挑戦で成長を生み出している会社の1つです。設立は1953年で、老舗というほどは古くありませんが、永谷家のルーツを遡ると、江戸時代中期に煎茶の製法を創案した永谷宗七郎という人にたどり着きます。永谷園を設立した永谷嘉男は、宗七郎から数えて10代目。お茶から「お茶づけ海苔」までの長い歴史が見えてきます。

「お茶づけ海苔」から始まった商品群は、味噌汁系や、麻婆春雨や広東風かに玉などの中華料理系に広がり、お茶づけ海苔とはまったくジャンルの異なるシュークリーム専門店のビアードパパも、じつは永谷園グループ。お茶づくりから始まってシュークリームを手がけるようになるという変化も、長い歴史があるからこそ。時代の流れのなかでさまざまな挑戦をしてきた足跡をもっていることも、老舗企業の魅力です。

浅香工業

創業▼1661年　設立▼1931年

特徴▼ショベルのシェア5割

江戸初期に打ち刃物問屋として創業

浅香工業（5962）は、スコップやショベルを扱っている会社で、ショベルではシェア5割をもっています。シェア5割はニッチトップ企業の要素ですが、それが実現したのも、長くショベルを扱ってきたからです。

同社は江戸時代に、大阪の堺名産の包丁やハサミなどを扱う打ち刃物問屋としてスタート。ショベルなどをつくるようになったのは明治時代から。6代目の浅香久平が、土木と鉱山事業が盛んになると見越して、国産初のショベルとスコップをつくったのです。

江戸時代の堺は貿易の最先端の街でした。自転車のギアや釣具のリールなどで有名なシマノ（7309）も堺生まれの会社。シマノは、自転車の変速機とブレーキ部品などで世界首位の優良株です。

ロブテックス

創業▼1888年　**設立▼**1923年

バリカンの発明から始まった歴史

ロブテックス（５９６９）は、レンチなどの工具を製造販売する会社で、ロブスター印がトレードマーク。

同社が創業当初に手がけていたのはバリカンでした。当時、明治政府は「断髪令」を出して、ちょんまげを禁止したため、男性は定期的に散髪しなくてはいけなくなりました。そこで、創業者の伊藤兼吉が、フランス製の馬の毛を刈る機械をヒントに、人の髪を刈るバリカンを発明。これが大ヒットして、ロブテックスの歴史がスタートしました。

その後、もう１つの柱として製造を始めたのがモンキーレンチです。

同社では創業当初から、「腰が曲がるまで使える丈夫な製品」をアピールするためにエビのマークを使っており、これを商標のロブスターとし、テクノロジーと、未知や無限を意味するXを組み合わせてロブテックスという社名になりました。

岡谷鋼機

創業▼1669年　**設立**▼1937年
特徴▼中部財界の名門

自動車業界向けの鉄鋼をトヨタに販売

岡谷鋼機（7485）は鉄鋼と機械を扱う専門商社で、創業は江戸初期の1669年、名古屋の鉄砲町という町で金物商「笹屋」として始まりました。当初取り扱っていたのは、鋤《すき》や鍬《くわ》などの農具や、釘、斧、鋸《のこぎり》、金槌《かなづち》などの工具でした。

昭和に入ってからスクラップの貿易に力を入れるようになって海外に進出。岡谷鋼機となってからは中部地方の財界で名門として知られるようになります。その頃の力の大きさを示すエピソードとして、トヨタ自動車が経営危機に陥ったときに岡谷鋼機が助けたという話が残っており、四季報の【特色】の欄にも「中部財界の名門」と書かれています。

現在の事業は、自動車業界向けの鉄鋼が3割弱。愛知の地場に強く、販売先としてトヨタ自動車とのつながりもずっと続いています。

ユアサ商事

創業▼1666年　設立▼1919年
特徴▼有望企業誕生の源流

工作機械の取扱高で最大手の商社

ユアサ商事（8074）は産業機器や工業機械の商社。創業は1666年で、工作機械の取扱高では最大手です。工作機械の分野でトップ企業の要素をもっていますが、私が注目するのは、創業から数えて350年超の歴史がある点。同社は京都で木炭の店として始まり、その後、刃物問屋となって金物を扱い、いまは機械を扱う商社となっています。

時代の変化をとらえて成長していく歴史も素晴らしいのですが、この過程で、電池の会社も興していきます。設立したのは12代目の湯浅七左衛門。1918年に湯浅電池（1992年に、ユアサコーポレーションに社名変更）という子会社をつくりました。

この会社が、2004年にGSのブランドで電池をつくっていた日本電池と合併して、ジーエス・ユアサコーポレーション（6674）となります。同社は、車載用の電池や産業用電池を手がける会社で、鉛蓄電池で世界2位。ユアサ商事と湯浅電池（ユアサコーポレーション）は親会社と子会社の関係でしたが、合併を機に資本関係を解消しています。

なお、日本電池のブランドのGSは、2代目・島津源蔵のイニシャル（源蔵のGと島津のS）。初代の島津源蔵は、京都で島津製作所（7701）を創業した人で、初代が亡くなったあとに2代目が源蔵を襲名して島津製作所の社長を引き継ぐとともに、のちのGSブランドとなる鉛蓄電池を開発し、日本電池を設立しました。

ユアサ商事も島津製作所も京都生まれの会社という共通点があります。京都という土地には仏具などを磨いたり彫金したりする技術が集積していました。この技術の醸成と集結が、村田製作所（6981）や京セラ（6971）など京都発の企業につながりました。

こうした流れを紐解きながら、日本企業の強みの源泉を見ていくのも株の楽しみ方の1つです。歴史に目を向けることで、長寿企業やグローバル企業の強みがより深く理解できるようになります。

四国銀行

設立▼1878年

特徴▼地場に根ざした信頼

設立時の名前で載っている最古の会社

四国銀行（８３８７）は、高知県と徳島県を中心に四国４県を地場とする地方銀行。１８７８年の設立は、四季報に載っている会社では最古です。少し前まで新潟県の地銀である第四銀行が最古でしたが、第四北越フィナンシャルグループ（７３２７）としてホールディングカンパニーとなったため、設立時の名前で営業している会社としては四国銀行が最古になりました。

銀行業界は統廃合を繰り返しています。低金利の現在は、預金を集めるのも貸し出して利息を得るのも難しい状況です。こうしたなかでは、保険や証券などを扱って新たな収益を獲得することも必要ですが、いちばん大切なことは、預金者や地域の経営者などからの強い信頼です。安心感があれば、資金を調達したい経営者は「あの銀行は昔からつき合いがあるから」と考えてお金を借ります。

つき合いの長さは社歴の長さです。そこに老舗銀行の強さがあり、統廃合時代を生き残っていく優位性があるのではないでしょうか。

3　実践編　会社四季報で「老舗株」の有望企業を探そう

Aブロックで長寿企業を選び出す

老舗株は、設立や創業の年を見て判定します。

四季報で確認するのはAブロック。社名の下の【設立】を確認して創業や設立からの年数を調べます。また、【特色】も確認。創業年や、どんな商品をもち、どんな事業を軸としているか把握して、ロングセラーの有無や持続性の高さを考えます。

四季報の2022年新春号では、設立と創業を合わせると、100年、またはそれに近いくらいの社歴をもつ企業は150社以上ありました。

業種は製造業がもっとも多く、この数字には日本のものづくりの力と日本人の器用さが感じ取れます。卸売業と小売業にも100年企業が多くあります。これら企業を見て気づくのは、赤字企業がほとんどなく、配当金のない無配企業もほとんどないこと。

社会や地域への貢献に熱心な企業が多いという共通点もあります。たとえば、タキヒヨー（9982）は地元愛知県に学校を設立するなどして貢献しています。隣県の滋賀県の

▶会社四季報に掲載されている主な100年企業

コード	企業名
1810	松井建設
1811	錢高組
1852	淺沼組
2540	養命酒製造
2612	かどや製油
2750	石光商事
3417	大木ヘルスケアホールディングス
3600	フジックス
4021	日産化学
4025	多木化学
4092	日本化学工業
4249	森六ホールディングス
5953	昭和鉄工
5962	浅香工業
5969	ロブテックス
5973	トーアミ
7460	ヤギ
7485	岡谷鋼機
7487	小津産業
7537	丸文
8074	ユアサ商事
8147	トミタ
8215	銀座山形屋
8254	さいか屋
8387	四国銀行
8388	阿波銀行
9025	鴻池運輸
9073	京極運輸商事
9837	モリト
9906	藤井産業
9982	タキヒヨー

近江商人の言葉「三方よし」のように、「売り手よし、買い手よし、世間よし」の考えで、自分たちが儲けるだけでなく、お客さん、取引先、社員、地域などのことも配慮して経営しているから、周りから支持され、長寿となっているわけです。

老舗という言葉から、伝統的な事業をずっと続けている企業を思い浮かべる人が多いかもしれません。古臭い、柔軟性がなさそう、過度に保守的といったイメージをもつ人もいることでしょう。しかし、長寿企業の事業内容を見てみると、それが誤解であることがわかります。

先のロブテックス（5969）がその一例。ロブテックスの創業時の商品はバリカンでした。その技術を応用して、工具の世界に進出しています。

これは長寿企業を見るポイントの1つです。100年もの時間があれば、あらゆることが変わります。市場が縮小したり消えたりすることもありますし、市場には競合も参入してきます。100年企業になるには、この変化に適応できなければなりません。変化に敏感になり、商品や事業モデルを自ら適応させていく力が求められます。頭が固く、古いやり方にとらわれる企業は100年企業にはなれません。

株は次世代に受け継げる資産

１００年企業であるということは、その企業に投資した人は、その企業の株を１００年間もち続けることができたということです。

これは資産を守るうえで重要なポイントです。というのも、すべての資産を現金でもっている人もいますが、現金はそのときどきの経済状況によって価値が変わるため、インフレによって手持ちの現金の価値が大きく目減りすることがあります。１００年という長い年月のなかでは貨幣制度が変わることもあります。このような変化で影響を受けないようにするにはどんな手があるでしょうか。

そこに、株という選択肢が出てきます。

貨幣制度がどう変わろうと、企業が存続していれば株は価値をもち続けます。つまり、資産の一部を株として保有していれば、小判が紙幣になろうと、旧円が新円になろうと、そのような変化に影響されることなく、資産を守り、次の世代に引き継ぐことができたということです。

見方を変えれば、貨幣制度の変更などの大きな変化を生き抜いてきた企業が長寿企業であるということ。真の意味で資産を守り、引き継いでいくのであれば、目先で流通しているお金ではなく、継続経営できる企業の一部を、株としてもっておくことが大事です。そこに長寿企業を見抜き、長寿企業の株を買う意味と価値があるのです。

日本には100年企業が3万社以上

日本は世界一の長寿国として知られていますが、長寿企業も多い国です。

世界のあらゆる企業群のなかで見ていくと、世界の100年企業は約8万社。このうち約4割の約3万3000社が日本企業で、この数は世界トップです。約3万3000社のうち、創業から200年以上経つ企業が約6割を占めます。

上場企業については、戦後GHQによって日本の株式市場は4年ほど閉鎖されました。東京証券取引所史上で唯一の空白時代です。しかし、株取引の需要が消えたわけではありません。戦争の影響で手持ちのお金がなくなり、株を現金化したい人がいれば、一方に闇市などで儲けたお金で株を買いたいと思う人がいたからです。証券取引所の店頭で売買が始まり、現在の東京証券取引所の対面にある日証館という旧渋沢栄一邸の前で、買い手と売り手が直接売買する「集団取引」が行われるようになりました。

ここで取引されていた株の一部にはいまの老舗株もあったことでしょう。戦争によって大きなダメージを受けながら、生き残った企業は戦後の復興に向けて活動を開始しました。このような力のある企業の株が取引されて、企業の活動や株式市場が活性化していったのです。

日本に長寿企業が多い理由としては、家を継ぐ、家業を守るといった意識が強く、長男が事業承継するケースが多かったことが挙げられます。ですから、このタイプの企業は家業の色が強くなります。経営者は「自分の代で潰してはいけない」「次にバトンタッチしないといけない」という意識が強くなります。お客さんとのつき合いが親やその前の代からのものになると、「お客さんとのよい関係を維持しなければならない」「親の顔に泥を塗ってはいけない」という意識も強くなり、それも会社の長寿化の要因になります。

前述した「三方よし」のような企業風土をもっていることも、長寿企業となる大きな要因です。地域密着型の企業は地域貢献に熱心ですし、親族で経営している会社はお客さんや取引先と家族のようなつき合いをしています。周りを巻き込み、共存共栄していく姿勢があるから、ファンがつき、困ったときには助けてもらえます。

これは、世界的にサステナビリティが重視されているなかで大きな武器です。企業の持続性を高めるためには地域、お客さん、取引先などの支えが重要だからです。

日本式経営の企業が再評価される

長寿企業には日本式の経営が多く見られます。

日本式とは、別の言い方をすると和風、和式。和は、調和や協調を重視する姿勢のことで、その姿勢は何百年という時間を経て日本の国民性として根づいてきました。

たとえば、江戸時代の庶民は屋根がつながった長屋に暮らし、住人同士で1つの井戸を共有して使っていました。井戸の周りで女性がいろいろな話をすることから、井戸端会議という言葉が生まれています。このような社会では、相手を思いやり、つながりや支え合いを大事にする意識が必要です。日本式経営の特徴の1つであり、長寿企業の持続性にもつながっている相互扶助の精神は、すでにこの頃に浸透していたわけです。

「パナソニックの創業者・松下幸之助氏は、日本人は「和を貴び、平和を愛し、お互いに仲良くし合っていこうとする国民」といい、企業経営にも社員が知恵を出し合い、お互いを尊重して助け合う「和の精神」が大事といっています。

日本にはこのような国民性がある一方で、時代が明治、大正、昭和へと進んでいくなかで、日本人の関心は心の豊かさから物質的な豊かさに向き始めます。

昭和の高度経済成長期や平成初頭のバブル経済がその一例です。高度経済成長期は、欧米の生活水準に追いつこうと、家電、車、住宅などが大量に生産され、購入されました。1985年のプラザ合意をきっかけとしたバブル経済期では、生活水準の面でも経済面でも欧米を追い越すことに成功します。

一時、日本の地価は、山手線の内側の土地の価格で米国全土が買えるくらいにまで膨らみました。日本企業が海外の土地や美術品などを買い漁ったのがこの時期です。これは物質的豊かさに目が向いていたことを表しています。

ただ、経済成長には弊害もあります。たとえば、国内では大手企業が都市部に集まるようになって人口が集中し、過密化する一方で、地方の過疎化が始まりました。その結果、コミュニティの基盤である支え合いやつながりの意識が薄れています。

また、環境への悪影響も大きく、高度経済成長期には急速な工業化による公害がいくつも発生しました。大量生産、大量消費、大量廃棄によって回っていたリニア型と呼ばれる経済構造によって、高度経済成長が始まった1955年ごろからの20年間で、ゴミの排出量は約7倍に増加したといわれます。これは、長寿企業に多く見られる地域や環境との共存という姿勢とは対極にあるものです。

しかし近年、世界的に環境問題が注目されるようになったことや、モノがひととおり行き渡り、かつてのような大量生産の仕組みでは企業が儲からなくなってきたことで、消費ありきの考え方が薄れてきました。「成長性も大事だけど持続性も大事」という観点で、企業単体の利益より地域や社会の利益を考えよう、リニア型経済から循環型経済に変わっていこうという流れになりました。

それを体現しているのが、長寿企業に多く見られる日本式経営です。老舗は、簡単にいえば古いということですが、時代とともに価値観が変わったことで、老舗企業の経営こそがいまの時代にマッチする新しい価値として評価されるようになったのです。

「長寿」が株価上昇のきっかけになる可能性も

株価の面では、日本式経営の価値が海外の投資家などに評価され、株が買われる可能性があります。とくに、老舗株の多くは、成長株などと比べて値動きが地味で、時流に乗って株価が急騰するケースも稀です。そのため、割安で買いやすい水準の株価のまま放置されていることが多いといえます。

このような株を見つけられれば、株価の水準や持続性という点から企業価値が見直され

て株が買われ（見直し買い）、株価上昇の利益が得られる可能性も十分に期待できるでしょう。これは、カタリスト（株価上昇のきっかけ）になり得ます。

老舗株は、売上高の伸びが弱く、営業利益率も低いことが多いため、いきなり業績が跳ね上がる、といった定量的なカタリストは期待しにくいものです。しかし、定性的な評価を考えると、サステナブル、地域密着型、社会貢献度の高さが企業価値を高めることにつながり、カタリストになります。

そもそも老舗株は長くもつのに適している株なので、短期的な株価上昇をもたらすカタリストがあるかどうかより、さらに30年後や100年といった長期間にわたって存続していける可能性がどれくらいあるかが重要です。

時間が企業の価値を醸成する

話を長寿企業の価値に戻しましょう。

長寿企業には歴史があります。これは長く経営を続けてきたからこそ手に入れることができた時間的な価値です。

売上や利益は逆転可能ですが、時間は逆転できません。設立10年の企業は、業績面では

100年企業を追い抜けますが、歴史の長さで追い抜くことはできません。

当たり前のことをいっているようですが、ここが重要です。なぜなら、時間はお金で買うことができず、時間の積み重ねによって価値が高まることがあるからです。

わかりやすい例がワインです。ワインは何年ものかによってプレミアがつき、ヴィンテージワインとして高値で買われます。その年につくられたものは再生産できず、寝かせて熟成させた時間が金銭的な価値を高めるからです。ウィスキーも同じです。サントリーの「山崎50年」が、オークションで数千万円で落札されたことは記憶に新しいところです。

最近は、すでに生産停止になっている1990年代の日本車の人気が高まり、当時の10倍くらいの価格で売買されている例もあります。

このような現象から見えてくるのは、商品そのものがよければ、時間が経つにつれてその価値が高まるということです。**企業も同様に、時間という価値が加わることで、安値で放置されている有望な長寿企業の株が再評価される可能性があります。**

ロングセラーが安定的な収益をつくり出す

長寿であることの価値を事業モデルの視点で見てみましょう。

ここでポイントとなるのが、「リピート」と「ロングセラー」です。長寿企業は顧客との関係を長く維持してきた歴史がありますから、顧客との信頼関係があり、リピートが獲得しやすいという利点があります。

リピートは売上を下支えする要素で、一朝一夕にはつくれません。時間的価値の話とも通じますが、「この会社の商品だから安心」と思ってくれるリピーターが時間とともに増えていき、それとともに経営の安定度が増していきます。

その関係性が目に見える形になったのがロングセラーです。

身近な商品を例にすると、三ツ矢サイダーやカルピス（アサヒグループホールディングス［2502］）、森永キャラメル（森永製菓［2201］）、カゴメトマトケチャップ（カゴメ［2811］）などは、どれも100年以上売れ続けているロングセラー。時代が変わり、消費者の世代が変わっても買われ続けている商品は収益の安定につながりますし、サステナビリティそのものともいえます。

ロングセラーは、少し広く解釈すると、安定収益を生み出すストック型の商品と見ることもできるでしょう。

ストック型というと、月額課金や継続的に利用料を獲得するといった売上確保の仕組みに目が向きますが、そこは本質ではありません。支払い期間がかっちり決まっていなくても、継続利用が契約に落とし込まれていなくても、固定ファンがいて世代を超えて支持されている商品は、利用者数と継続的な売上が積み上がっていきます。

つまり、ロングセラーの商品はストック型の商品と位置づけることができ、長寿企業の武器でもあるのです。

1つ補足すると、ロングセラー商品は営業利益率が高くなります。

新規の商品は、商品の魅力をアピールする必要があり、広告宣伝費や、売り込みのための人件費がかかります。一方、ファンが多いロングセラーは、ファンが商品の魅力を理解しているため、アピールしなくてもリピート購入してくれます。つまり広告宣伝費をかけなくても売れるということです。

ファンが多ければ、安売りする必要もありません。「カゴメのケチャップがいい」と考えるファンは、少し安い他ブランドのケチャップがあったとしても、カゴメのケチャップを買うでしょう。

ちなみに、ファンが多いロングセラーは、他社にはつくれない独自性のある商品ともいえます。その点で、ロングセラーをもつ会社は、オンリーワン企業の要素ももっているといえます。

長寿企業と新興企業の両方を見る

ストック型事業は持続性を重視する事業モデルです。大量生産、大量廃棄で環境負荷がかかる事業モデルを、サービスとして利用したりシェアしたりすることによって変革し、資源不足やゴミの増加といった社会問題を解決しようとしています。

長寿企業も、これにかなり近いといえます。長寿企業は持続性に価値がありますし、株主や企業の利益だけでなく、社会全体に利益をもたらそうという考えがあります。

また、ストック型を表すキーワードとして、「不変」「飽きない」「ブレない」「変えない」といったキーワードが浮かびます。これらも長寿企業の特徴と言い換えることができ、「企業価値が不変」「ロングセラーは飽きない」「昔馴染みの顧客や取引先がブレない」「共存共栄の姿勢を変えない」といった要素が100年という社歴を生み出していると見ることができます。

大きな潮流として世の中はストック型に向かっています。そこから考えると、このタイミングで長寿企業や老舗株が再評価され、注目される流れも理解しやすいのではないでし

ょうか。

不易・流行という言葉で表すなら、ストック型は不易の部類で、本質的であり変わらないもの、フロー型経営は流行の部類で、こちらは変化していくものを指します。世の中には、不易があり流行があります。性質が異なる2つのものが組み合わさって、世の中ができています。不易である定番も大事ですし、流行を反映するトレンドも大事。どちらが欠けても世の中は面白くありません。

株式市場も同じで、両方のタイプがあるから選択肢が広がります。長寿企業は不易の部類、新興の成長企業は流行の部類。株式投資というと、つい目先の株価の値動きや成長率などに目が向きます。しかし、そこだけにとらわれず、長くもてるか、地域や社会に愛され続けているか、100年続くという簡単にはなし得ないことを実現しているかといった視点で有望な企業を探してみましょう。

すると、株式投資はさらに楽しく、魅力的になるはずです。

意外と知られていない旧財閥系の老舗株

日本の経済史を紐解くと、本文で紹介した帝国繊維のように旧財閥につながる企業がいくつかあります。

上場企業では、三井、三菱、住友などが社名に入っているものは旧財閥系であることがすぐにわかりますが、それ以外にもあまり知られていない旧財閥系企業があります。ここでは、旧財閥系のストーリーとして面白いものをいくつか紹介します。

まず、鴻池《こうのいけ》運輸（９０２５）。１８８０年創業の物流会社です。

鴻池の名前は、兵庫県で清酒醸造からスタートした鴻池財閥に由来します。鴻池財閥は、江戸時代には日本最大の財閥といわれました。金融事業では、１８８７年に第十三国立銀行を設立。のちに鴻池銀行となり、三和銀行となり、現在は三菱ＵＦＪフィナンシャル・グループ（８３０６）です。鴻池運輸は、鴻池財閥の名前を残している数少ない企業の１つなのです。

次に紹介したいのは、澁澤《しぶさわ》倉庫（９３０４）。倉庫業界の準大手で、明治時代に大きく発展した渋沢栄一の渋沢財閥の流れを受け継いでいる会社です。

渋沢栄一は、2021年のNHK大河ドラマ「青天を衝け」で生涯を描かれ、2024年度に発行される新1万円札の顔になることでも知られています。事業家としては、日本資本主義の父といわれ、みずほ銀行となる第一国立銀行を創設し、その後500社もの会社の設立に関わりました。そのなかの1つが澁澤倉庫です。

渋沢は500社以上の会社を興しましたが、株を所有して経営を支配する方法はとりませんでした。同族による支配をしなかったのです。これが、渋沢財閥が一応は財閥と呼ばれるものの、旧財閥としての認知度が低い理由の1つです。

そんななかにあって、渋沢一族が資産管理会社を通じて長く経営に関わったのが、第一国立銀行や澁澤倉庫などごく一部の会社。渋沢栄一が設立に関与して、現在、上場企業となっている会社は、みずほ銀行、IHI、東洋紡、清水建設など多業種に及んでいくつもありますが、渋沢の名を残しているのは澁澤倉庫のみです。

もう1つ旧財閥系として、ニッピ（7932）も紹介しましょう。ニッピは、ゼラチン、コラーゲン、化粧品などを主力とする会社で、ホテルオークラで有名な大倉財閥グループの1社です。

大倉財閥は、大倉喜八郎が江戸時代後期に始めた乾物店からスタート。その後、鉄砲商人として成功し、事業家として、大成建設（1801）の前身である大倉土木組のほか、日本化学工業（4092）、日清豆粕製造（日清オイリオグループ［2602］）などを設立しました。そのなかの1つに日本皮革があり、これがいまのニッピで、日本の日と皮革の皮でニッピです。

ニッピの株主を見ると、筆頭がリーガルコーポレーション（7938）、2位が大成建設。リーガルコーポレーションはリーガルブランドをはじめとする靴の製造と販売の会社ですが、じつはこの会社も大倉財閥系。大倉組皮革製造所を前身の1つとして設立されました。ちなみに、リーガルコーポレーションの筆頭株主はニッピです。リーガルコーポレーションも元日本皮革のニッピも、ともに革を扱う事業だったこともあり、かつては深い関係にあったようです。

著者略歴

渡部清二（わたなべ·せいじ）

複眼経済塾 代表取締役塾長
1967年生まれ。1990年筑波大学第三学群基礎工学類変換工学卒業後、野村證券入社。個人投資家向け資産コンサルティングに10年、機関投資家向け日本株セールスに12年携わる。野村證券在籍時より、『会社四季報』を1ページ目から最後のページまで読む「四季報読破」を開始。25年以上継続中で、97冊以上を読破。2013年野村證券退社。2014年四季リサーチ株式会社設立、代表取締役就任。2016年複眼経済観測所設立、2018年複眼経済塾に社名変更。2017年3月には、一般社団法人ヒューマノミクス実行委員会代表理事に就任。テレビ·ラジオなどの投資番組に出演多数。「会社四季報オンライン」でコラム「四季報読破邁進中」を連載。『インベスターZ』の作者、三田紀房氏の公式サイトでは「世界一『四季報』を愛する男」と紹介された。

〈所属団体·資格〉
公益社団法人日本証券アナリスト協会認定アナリスト
日本ファイナンシャル·プランナーズ協会認定AFP
国際テクニカルアナリスト連盟認定テクニカルアナリスト
神社検定2級、日本酒検定３級

SB新書　576

会社《かいしゃ》四季報《しきほう》の達人《たつじん》が教《おし》える
誰《だれ》も知《し》らない超優良《ちょうゆうりょう》企業《きぎょう》

2022年 3月15日　初版第1刷発行
2022年 4月 3日　初版第3刷発行

著　者　渡部清二《わたなべせいじ》

発行者　小川 淳

発行所　SBクリエイティブ株式会社
〒106-0032　東京都港区六本木2-4-5
電話：03-5549-1201（営業部）

装　幀　杉山健太郎

本文デザイン
D T P　荒井雅美（トモエキコウ）

編集協力　伊達直太、大屋紳二（ことぶき社）

印刷·製本　大日本印刷株式会社

本書をお読みになったご意見・ご感想を下記URL、
または左記QRコードよりお寄せください。

https://isbn2.sbcr.jp/12191/

落丁本、乱丁本は小社営業部にてお取り替えいたします。定価はカバーに記載されております。本書の内容に関するご質問等は、小社学芸書籍編集部まで必ず書面にてご連絡いただきますようお願いいたします。

ISBN 978-4-8156-1219-1